『十二五』国家重点图书出版规划项目

花笺图说

王双启

花笺图说

王双启

花笺图说

天津出版传媒集团
百花文艺出版社

图书在版编目(CIP)数据

花笺图说 / 王双启著. -- 天津 : 百花文艺出版社,
2015.1
ISBN 978-7-5306-6579-4

Ⅰ. ①花… Ⅱ. ①王… Ⅲ. ①信纸-收藏-中国-古代②信纸-鉴赏-中国-古代 Ⅳ. ①G894②K875.4

中国版本图书馆 CIP 数据核字(2014)第 290024 号

统筹策划:李勃洋 汪惠仁　**整体设计:**王　欣
责任编辑:田　静 张　森　**责任校对:**曾玺静

出版人:李勃洋
出版发行:百花文艺出版社
地址:天津市和平区西康路 35 号　**邮编:**300051
电话传真:+86-22-23332651(发行部)
+86-22-23332656(总编室)
+86-22-23332478(邮购部)
主页:http://www.bhpubl.com.cn
印刷:天津市银博印刷集团有限公司
开本:787×1092 毫米　1/16
字数:47 千字　**图数:**168 幅
印张:11.25
版次:2015 年1 月第1 版
印次:2015 年1 月第1 次印刷
定价:79.00元

目录

花笺图说

花笺图说

目录

综述

一笑領略年華色絲畢小樵名心
攜得沾
至承攜淺又擾甚不好為後不
敢請
垂目
即之上問

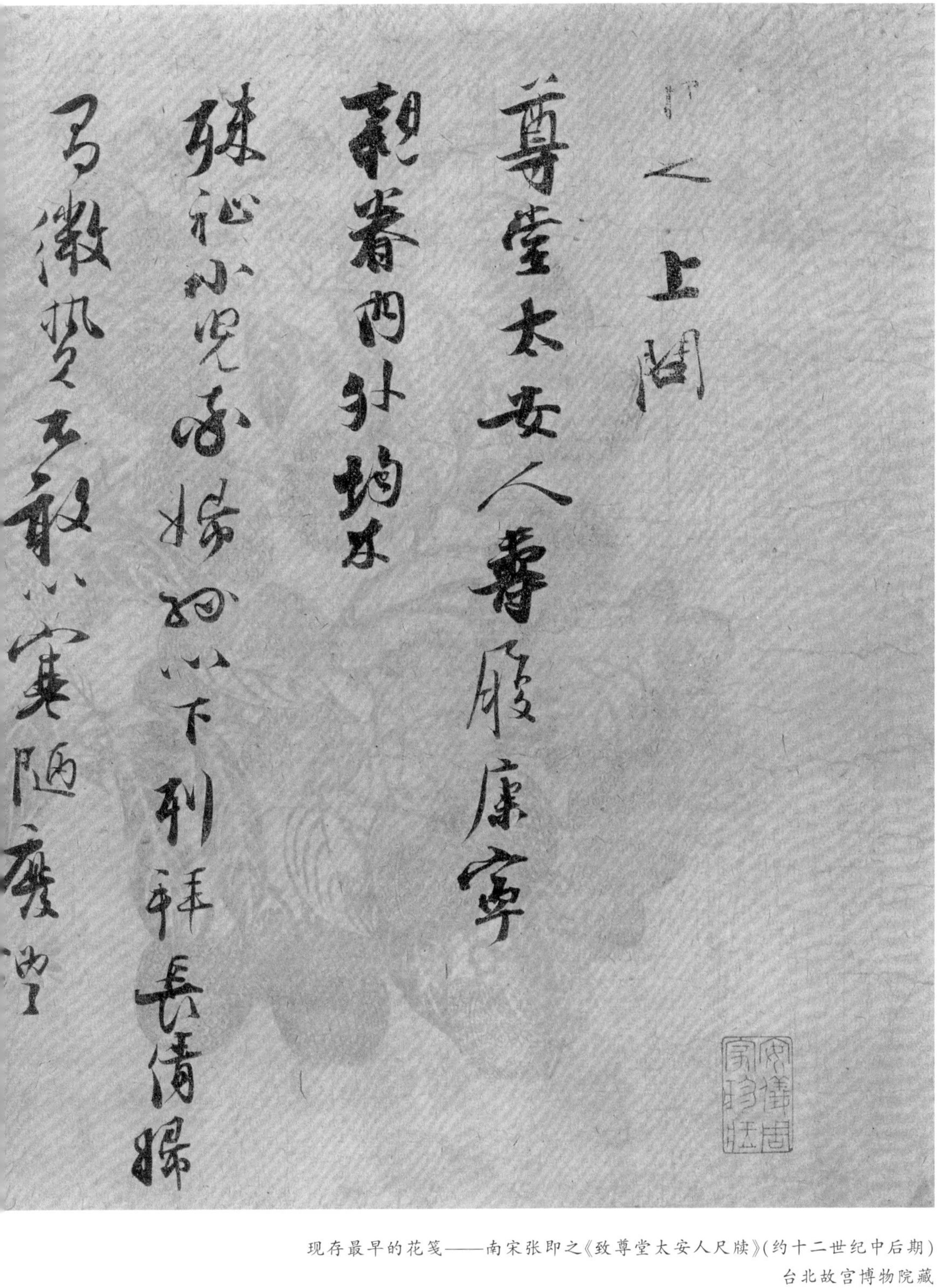

现存最早的花笺——南宋张即之《致尊堂太安人尺牍》(约十二世纪中后期)
台北故宫博物院藏

图一：笺纸的“框”

古时文人的日常用品，大都精致考究，或使用，或把玩，可助文思，可发雅兴，故而常有“纸墨精良人生乐事”之类的赞叹。纸，属于“文房四宝”，作为诗文书画的“载体”，更是文人时刻不能或缺之物。陆放翁有诗句云：“浣花理腻觉毫飞”，又云：“笑擘蛮笺落醉题”，更是生动地表述了在名笺佳纸的触发之下诗人挥毫落墨逸兴遄飞之情状。

日常用纸，须裁为小幅，小幅的纸，其名曰“笺”。纸张出现以前，用竹片写字，故“笺”字从“竹”，“戋”声，戋是小的意思。字亦作“牋”，易竹简为木牍，其义全同。笺纸小到什么程度？文献记载说是“才容八行”，只能容得下八行字，这是与“卷子”比较而言的，一幅长卷容得下几十行上百行。就现存实物进行测量，那是长约三十厘米，宽约二十厘米，这是一般经常使用的笺纸尺寸，现存实物按传统规格制作，代代沿袭，不致有太大的出入。大于这个尺寸，即为大幅；小一些的，长约二十二三厘米，宽约十二三厘米的更为常见，是为小幅；再小的就是“便笺”（俗称“便条儿”）了。上述四种笺纸的尺寸规格只是大致情况，各家制作自行其便，并无严格的要求，尺寸略有出入亦属正常现象。

图二:笺纸的“界”

图三:笺纸的“格”

为什么形成了长三十、宽二十的“标准”尺寸?这是由所写的字迹大小决定的。人们在书写诗稿、信札之类的日常应用文字时,习惯写“拇指盖儿”大小的字,亦即每字约占两厘米见方的面积。依此计算,每幅八行,加上左右留边,其宽度约为二十厘米;其长度约略符合“黄金律”,大概是三十厘米,留出天头地脚,每行大约可写十几个字,全幅可容百字,这样的尺寸恰敷所用,于是逐渐形成了一种通用的标准规格。

在素白的笺纸上写字,大小横直不便掌握,为了落笔分行有所参照,并使笺面匀称整齐,这就须要印上边框、界栏、方格等等。圈定范围,留出天头地脚和左右边空,这是“边框”;纵向划道儿,分出行次,这是“界栏”;横向再加线条儿,打成格子,这是“界格”。类似图一、图二、图三所显示的框、界、格,完全出于实用的需要,故而朴素无华。

写字,有时真的须要“爬格子”,写楷体字、繁体字尤其如此,因为没有格子便不能确保字迹的大小相同与行列齐整。古时做官的,给上司写“呈文”,给皇帝上“奏折”,都必须用小楷工工整整地写在“白折”纸上,不许打格儿,怎么办呢?于是又有了“垫格”

池草

图四："花框"笺纸

——把一张印好的黑白格子，垫在"白折"的下面，照着透出的影儿，一笔一画规规矩矩地写来。再附带说一下，图三所示当年商务印书馆印的这种作文格纸，设计相当巧妙，不是正方格而是扁方格，这是按照"小字双行夹注"的传统习惯设计的，可以写一行，也可以并排写两行，疏密通用，而且左右都有修改的空隙。设计者尽心敬事，其情可嘉。

朴实无华的边框栏格，没有装饰作用，没有美化效果，因而也没有观赏性与艺术性，有的仅只是实用性，为写字提供便利而已。但是，人们对于“美”的追求是无处不在的，于是，单纯的边框栏格变出了诸多新颖别致的花样，在有助实用的同时，又取得了装饰美化的效果，这就有了看头，可供欣赏了。请看图四，边框变成了“花框”，加宽了的框子里画满了各种水草。图五，左右边框很宽，细看却是由“相思”二字组成，设计巧妙，耐人玩赏。图六，同是“相思”二字，在春星草堂所制的笺纸中，又被设计成了花框里面的界栏，同时还把“子丑寅卯”等十二地支的字样布满了一圈四周，从而寓含了“一日相思十二时”的意思，更觉情意之委婉而深切。花样翻新，且含寓意，终于使得这类笺纸在实用性之外增添了装饰性与艺术性。欣赏这类笺纸，人们不是直接感受它的形象之美，而是在获知它的寓意之后引发出来了某种联想，从而感到温馨，感到愉悦，所以说，它所传达的是“意象之美”。意象取决于欣赏者的主观感受，因人而异，千差万别，而且只能自己品味，毋须明言，所谓“相思只自知”是也。图七，是清末民初人张翊美用仿古方格小笺所写的书信。该笺格

图五：“相思”笺

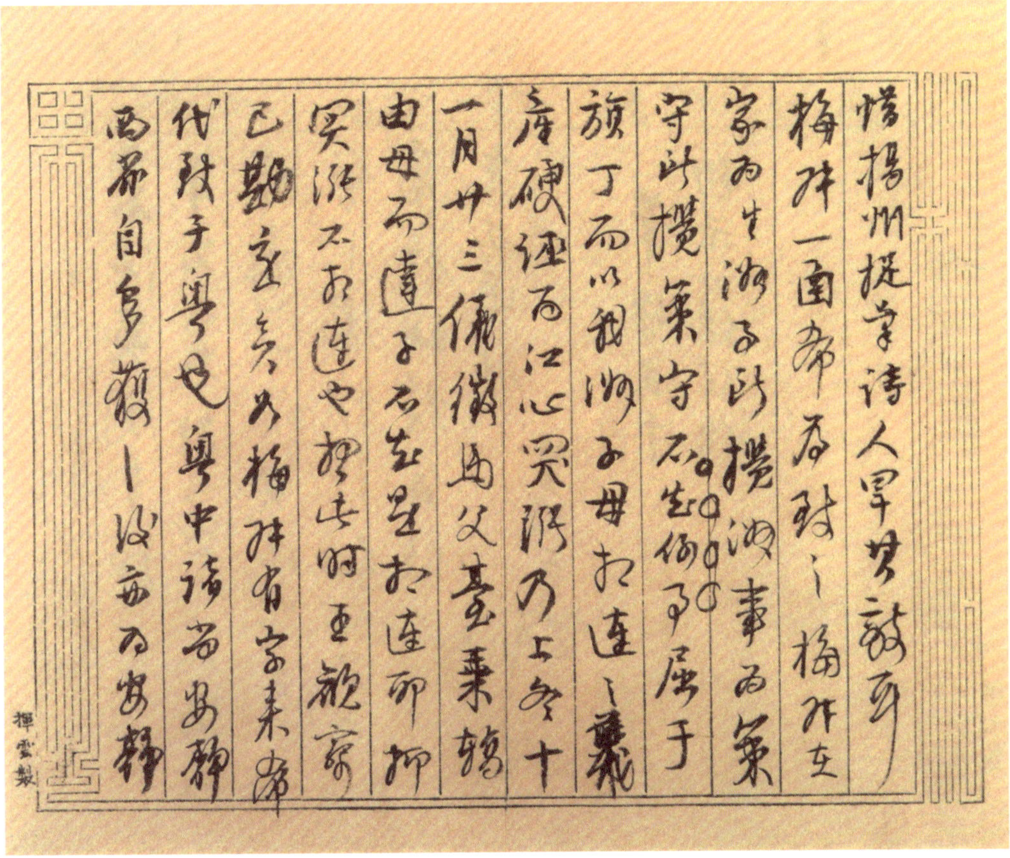

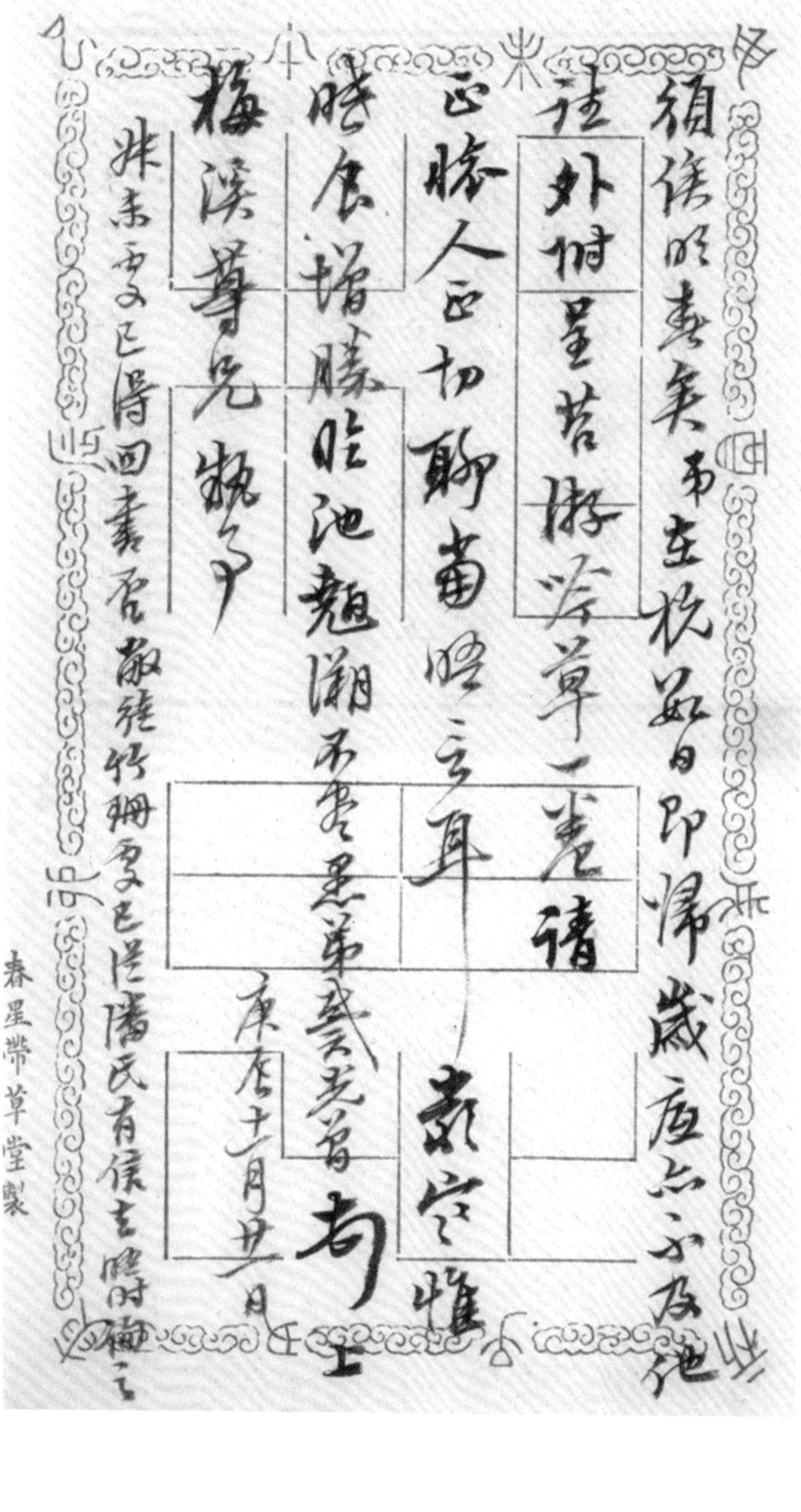

春星帶草堂製

图六：『一日相思十二时』笺

子方正，直道粗而横道细，突出了竖行的界栏，而且显得别致，加上右上左下两行款识就更加与众不同，尤其是款识中点到著名学者“曲园老人”，点到秦朝李斯所作《苍颉篇》，那就更增添了它的历史与文化内涵。该笺也是能够引发联想而使人获得意象美感的。

具有明显的装饰意义的，还有图案式的“底纹”，那是有规律地排列同一花纹，使之布满笺面，常见的有云纹、冰纹等，如图八所示。底纹能起到衬托字迹的作用，避免单调，避免空旷，使笺面显得饱满充实，尤其能使所写字迹显得隆重而高贵。至于“洒金”、“水洇”、“虎皮”之类，当然也有装饰美化的作用，但和图案底纹恰恰相反，它们追求的是自然形成的缤纷错落，而不是有规律的组合排列，不须艺术构思，故而置之不论。

对素白笺纸进行装饰美化的最主要的手段是染色和印花，这两种手段有时分用有时合用，亦即有单独染色的，有仅只印花的，也有染色与印花一并采用的。染上颜色，印上图画，笺纸就成为了“花笺”，但习惯上仍然泛称“笺纸”。

“花笺”之名，古已有之，屡见于诗句言辞。南朝徐陵编《玉台新咏》序文中有“五色花笺，河北胶东之纸”之句；五代南唐时，欧阳炯为《花间集》作序，文中有“递叶叶之花笺，文抽丽锦”之句。把经过了装饰美化的笺

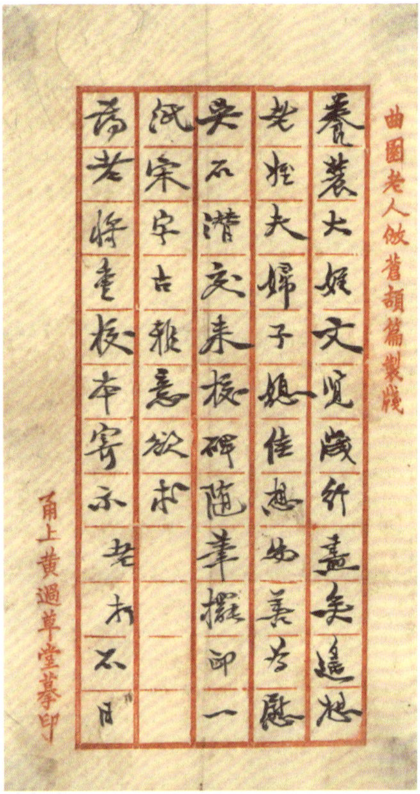

曲園老人倣蒼頡篇製箋
甬上黃過草堂摹印

图七：张翊美仿古方格小笺

图八：云纹笺

木蘭從軍

图九甲:“薛涛”色

纸称作“花笺”,这是几百年来已经被确定了的一个统称,一个共名。别的名称,“蜀笺”、“蛮笺”只记产地,“诗笺”、“信笺”仅标用途,皆未若“花笺”之标举特征而名实相符。

花笺的特征是显示在颜色与图画上的，于是便区分出了两大类别——色笺与画笺。“色”字,此处宜读为 shǎi。这种情况恰如布匹之分为色布与花布两大类一样,色布、花布也是用染色与印花的手段对布坯进行美化加工的产物。色笺与画笺又只是个大致的区分,如前所述,花笺所呈现的色与画往往并存,除了白纸印画的,更多的是色纸印画,民国以前的花笺尤其如此。区分色笺与画笺,要看它的制作是以染色为主,还是以印画为主:前者为色笺,后者为画笺。当然,也会有两者并重难分轩轾的情况,那就统称“花笺”好了。只能大致区分,不必过于拘泥。

花笺的历史,至迟要从中唐时代的“薛涛笺”算起,至今,即从公元八世纪后期直至二十一世纪初期,大约是一千三百年。在这段历史时期之内,花笺的产生发展,兴盛繁

图九乙:“松花”色

荣,乃至衰落与消亡,都是历历可见的。

最早制作花笺的,姑且认定是中唐时代的女诗人薛涛,但她的作诗远远不如她的制笺更为有名。薛涛制笺,全在染色,这也正是美化笺纸首先选取的重要手段。她染得最成功的,是一种很独特的深桃红色,这种颜色艳而不俗,备受赞赏,遂成标志,径称“薛涛”,一直流传,至今未绝。“薛涛”之外,还有一种叫做“松花笺”的,也是她的名作。“松花”容易被误认为是一种花样,其实不然,经过近人考证,可以确认它是一种颜色,又恰好与“薛涛”的“深桃红”成为对仗,它是——“嫩松绿”。如图九甲、乙两幅就是“薛涛”和“松花”两种著名笺纸颜色。

染色,对于纸性是会有影响的。颜料经水溶后应该仍然存在有极其微小的颗粒物,它们渗入纸张的纤维之中,必然会改变纸张的吸水性,使得它不再像生纸那样快速地洇透,于是用色笺写字可以行笔稍缓,从容不迫。制作考究的色笺,染色之后还要经过一道“研光”的工序,与裱画师傅最后往褙纸后面打蜡防潮的操作手法相似,用手掌大小的一块卵石作工具，取其坚硬与光滑，用它在纸面上碾轧摩擦，使之质地密实，表面平整。经过研光的色笺，运笔不滞，“吃墨”适中，写起字来格外舒服，这恐怕也是人们一直喜欢使用色笺的一个原因吧。

色笺的颜色很快就多样起来，元朝人费著的《笺纸谱》记载，北宋时有一位谢景初，专门制作“十色笺”，其颜色分别是深红、粉红、杏红，深绿、浅绿、铜绿，深青、浅青，再加

紫艷半開籬菊靜

紫艷半開籬菊靜

图十甲：清代什色小幅便笺

上明黄和浅云，共计十种，被称为“谢公笺”。宋代的色笺，实物已不可见，但从现存的，后世承继古法染制的色笺中，还可以约略窥见当年那些颜色。如图十甲和图十乙所示，清代制作的什色（多种颜色）小幅便笺，颜色多样而且都很典雅。

人们对花笺颜色的要求，不会像色谱编号那样区分得细致而严格，大致有那么十来种也就足够了。人们关注的是画笺，那上面的花样可就多不胜计了，正像色布只不过

紫艷半開籬菊靜

紫艷半開籬菊靜

图十乙：清代什色小幅便笺

图十一甲：清代什色小幅便笺

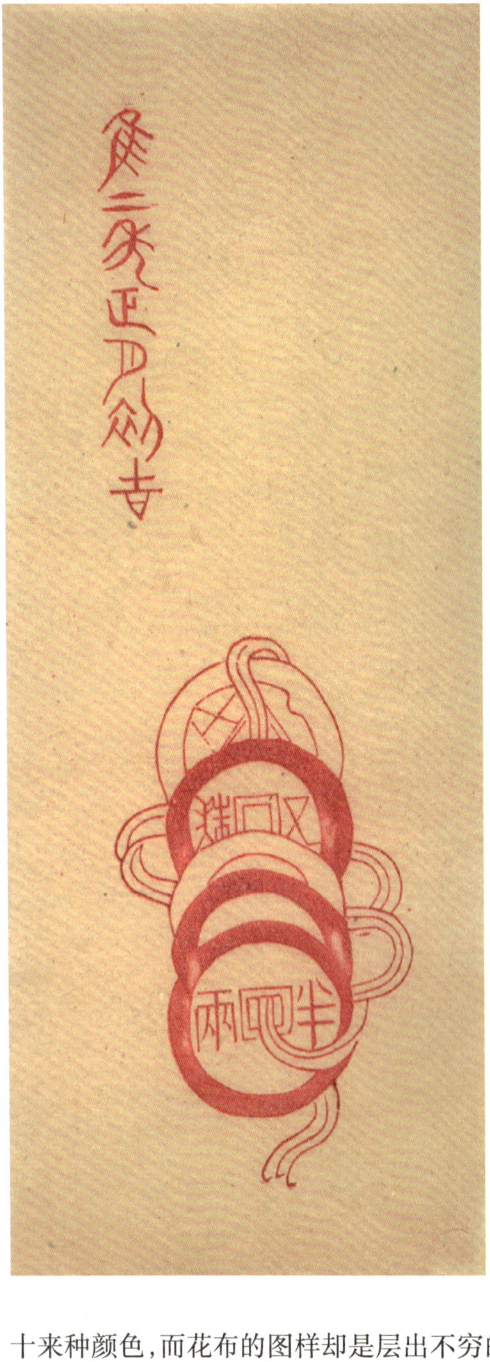

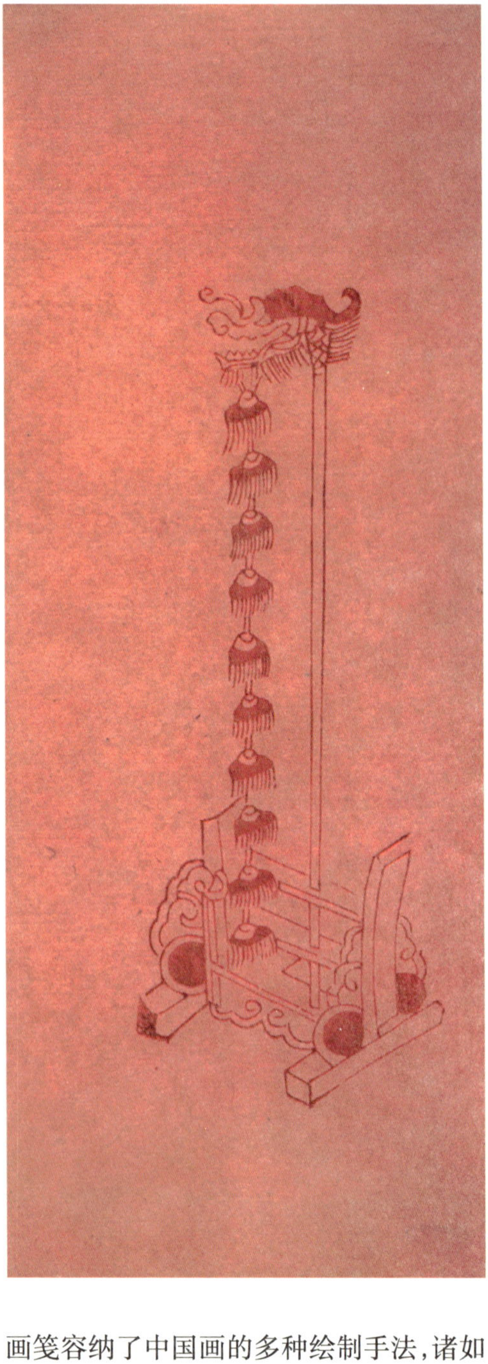

十来种颜色，而花布的图样却是层出不穷的。画笺容纳了中国画的多种绘制手法，诸如线描、双钩、没骨、写意等等，都被逐渐用于画笺的制作；至于题材内容，则于山水、花鸟、人物之外，更把博古图样、金石拓片以及书影、砚谱等等，亦皆纳入其中。于是，由简略而繁复，由粗糙而精细，画笺的工艺性、艺术性不断提高，它的趣味性、观赏性也随之

图十一乙：清代什色小幅便笺

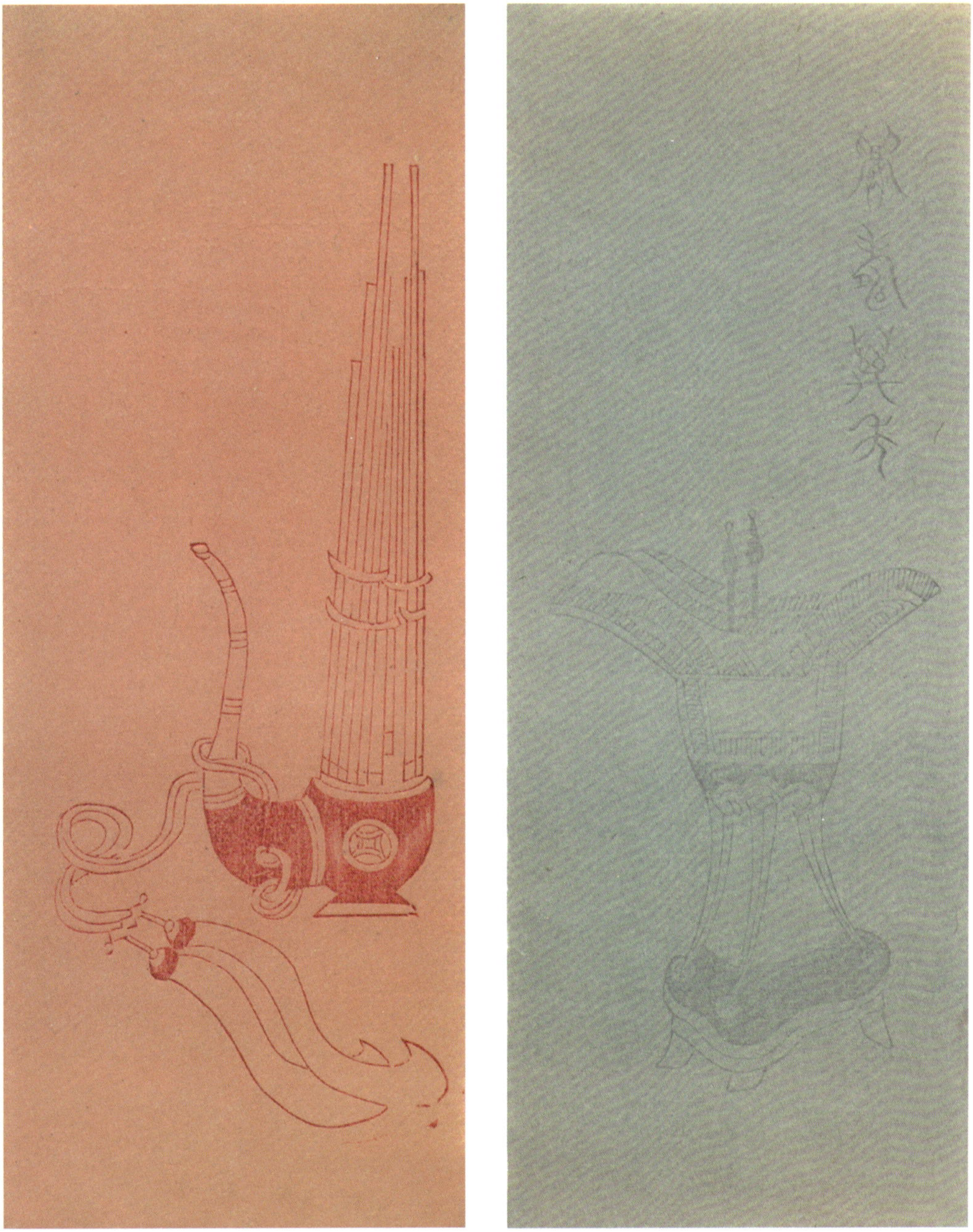

增强，甚而可以达到令人赞不绝口爱不释手的程度。

说到画笺，首先应该把手绘品与印刷品区别开来。据常理推论，最早的画笺应该是手绘的，伴随着晚唐以后雕版印刷技术的兴起与发展，画笺的手工绘制当是很快就被取代了，由手绘到印刷，这是飞跃式的一大进步，但这只是一种合理的推测，并无实物与文献可资征信。而手工绘制画笺却至今未曾断绝，齐白石的传记里，提到他早年为社友画诗笺的事。董桥最近的文章里，也专门谈到他的朋友擅画花笺，张张一样，与印刷品无差。再有，从今人的有关著作中还可以看到当代画家手绘的信封。类似这样的一些情况，要作具体分辨。画家的手绘，如果确实精彩，不妨当作册页画幅，予以珍藏。文人自画自用的，由于各自水平不等，好恶不同，难以形成公认的社会价值，更不可能作为价格适当的商品大量供应以满足社会需求，故而不在我们评说之列。还有，明清时代流行过一种大幅的写对联与“中堂”的纸张，称作“粉笺”、“蜡笺”，也往往染色并描以金银花饰，以彰显富贵之气，它虽名“笺”而实非笺，不是一尺大小的笺纸，故而也不在我们评说之列。（图十二）

木刻雕版，水色印刷，是制作画笺的最基本的方法，也是画笺的最主要的特征。木版水印的画笺，有实物可证，最迟当出现在南宋时代。台北故宫博物院藏有南宋张即之“致尊堂太安人”书札一通，原件

孫星衍

图十二：名“笺”非笺的“蜡笺”

难以目睹，就日本二玄堂印本观察，所用笺纸当是木版水印的单色花卉画笺，这大概要算是我们今天能够访寻的最早的画笺了。

南宋以后的二三百年间，花笺的消息一直比较沉寂，好像是陷入了停滞的状态，有关资料很少。旁搜别求，偶尔也能见到一些，略述于下文。

大约在明朝中叶之时，出现了一位谈仲和，擅制笺纸，名重一时，称为“谈笺”。清朝人的有关记载很是简略：从吴昌绶“自拨张炉，细写谈笺”的词句中，可知谈仲和的笺纸和张鸣岐的铜炉同样名贵；从汪大经“其妙在本色，无取朱粉碾”的诗句中，可知谈笺的质地精良。此外，就无从考索了。可巧的是，前两年偶读新出的小说《荣宝斋》（都梁著，长江文艺出版社，2008年），惊喜地发现其中竟有关于谈笺的记述。荣宝斋是北京的老字号，制笺有名，工匠的技艺由师徒代代口耳相传，有源有本，自可征信。略谓：谈笺之制作有秘法，尺寸可大可小，色样不一，或染花草之色，或以金花描成山水人物鸟兽之形，极其精美。看来，谈笺是以优质纸料染色描花，手绘而成，并不是雕版印刷的制品。万历年间，出现了高濂编著的《遵生八笺》一书，广搜见闻，记录各种物品的名目与特色，内容至为繁多。该书述及纸张的品类与名称，所记近六十种，及至笺纸，只提到边框与格子，只提到染色的方法，远远不能满足我们的搜寻。由上述情况可知，花笺的制作是踌躇徘徊了相当长的一段时期的。

及至明末，情况大变，花笺制作出现了突飞猛进的发展，呈现空前繁荣的景象。天启年间，出现了吴发祥的《萝轩变古笺谱》；崇祯年间，出现了胡正言的《十竹斋笺谱》，这正是花笺日臻完美终于成熟的标志。

既云“变古”，必有创新，其“新”就是饾版与拱花两种技艺的成功运用。先说饾版。饾，陈列多种食物，谓之“饾饤”，有堆砌、拼凑之意。所谓“饾版”，就是套版彩印，按照原画上的不同颜色分别刻成几块版片，然后分色先后印在同一张纸上，位置准确，严丝合缝，最后拼合在了一起，印出了与原画相差无多的画笺——技艺精湛的，能够乱真，达到“下真迹一等”的高度水平。再说拱花。拱，拱起，凸出之意，所谓拱花，就是把花纹刻在木版上，有凸有凹，然后敷上笺纸，压出纹络，既看得见，也摸得着，从而增添了立体感，别有一番情趣。

套版彩印制作花笺，工序有三：画稿、雕版、印刷。画稿是依据，不待言；雕版是基础，分版、拼版都要求设计精确雕刻细致，这也不在话下；同样重要的印刷，更是关键，

花開十丈藕如船
李鱓

图十三：李鱓绘荷花笺

花笺制作的最后完成就在这道工序。套色木版水印的“印”，技法要求很高，几乎不下于绘制画稿。颜料要调配得与原画一样，蘸色涂版时更要把握色与水的关系，分出深浅浓淡，显出晕染皴擦，然后敷纸一刷，则须眼疾手快，轻重适宜，最后才能取得完美效果。笔者看过电影纪录片，跟参观制笺现场一样。刻工、印工，功不可没。故而鲁迅、郑振铎两先生在编集《北平笺谱》的过程中特别予以重视，访求名姓，记录传扬，使其免于埋没，真乃功德之举。

清朝初期，花笺套版彩印的制作技艺达到高峰，有的成品堪称“精妙绝伦”。不妨借用王树村《花笺掇英》中所收大画家李鱓的一幅荷花笺，作为例证。（参看图十三）清初制笺各家争奇斗胜，居然形成了激烈的竞争。李渔所制，称“芥子园名笺”，尤其引人注意，挂出招牌，大事宣传，公开发售，且对盗版仿制者深恶痛绝，“誓当决一死战”，既是宣言，又是广告，很有点自我炒作的意思，欲知其详，可参看《闲情偶记》中的有关章节。花笺成了商品，社会需求很大。各地大大小小的文具铺、南纸店，几乎都经营此项业务，或前店后坊，或转运贩卖，亦有以半成品代客加款，或是买主自行设计而由商家代为制作者。作为商品经营，成本之高低、利润之多少是必须计算的，再加上画手有高有低，工匠有巧有拙，于是，花笺的精粗之分、雅俗之分也就很自然地显现出来了。

清代中期，钱泳作《履园丛话》，书中已明确指出，花笺有“精妙绝伦”者，亦有“粗俗不堪”者，从两个极端作出了判然区分。直到上世纪三十年代初，郑振铎先生踏遍北平琉璃厂搜集花笺之时，还经常遇到不少粗俗的货色，只得摇头无奈，不予采撷。可见花笺的雅俗之判，是个有着长久历史的老问题。

判别雅俗，至为重要，而其标准与尺度又是难以明确规定的。这里面既有制作的问题，也有鉴赏的问题。就制作而言，如前所述，有三道主要工序，其中任何一个环节出了问题都会影响花笺的品位；就鉴赏而论，赏者各有所好，着眼亦不相同，作出判断必有差异。故而区分花笺的雅俗不能泛泛而言，必须针对具体品物进行具体分析，才能有说服力，且举实例以明之。

图十四是晚清时代苏州同泰纸店摹刻王石谷“吴山大观”制成的画笺，当是四幅或八幅成套，此一幅乃失群者。此笺染色不错，尚属典雅；石谷原画当系佳作，可惜临摹不精、刻工更差，笔意全失，从画面上的两个亭子更可见其拙劣，故而只能视为摹刻粗疏的坊间制品，与文人求雅的要求颇有距离。图十五是宜雅斋所制四幅一套“水族笺”中的一幅，红

吴山大观

图十四:“吴山大观”画笺

依波在藻

图十五:水族笺

鱼绿藻加上深红色的款识,三色套版印成。所取画稿就不够水平,所画金鱼不成形状。刻版、印刷亦甚粗糙,店家自名“宜雅”而其此等制品却难登大雅之堂。图十六更为糟糕,全然一无是处,确属“粗俗不堪”。

类似上述的一些笺纸,真正的文人雅士不会用以写信、抄诗,那不合身份,要求品位的收藏者则会视同鸡肋,最终还是要抛弃,而出自名家高手精工巧制的花笺,才会赢得青睐,被视为高雅的珍品。审美是个复杂的问题,文化背景、时代潮流、个人好恶,种种因素都在相互交织,错综其事,因而总要出现千差万别的情况,强求一律是行不通的。

花笺的使用,又是一个值得述说的话题。花笺的主要用途是写信,也用来写诗。写信,

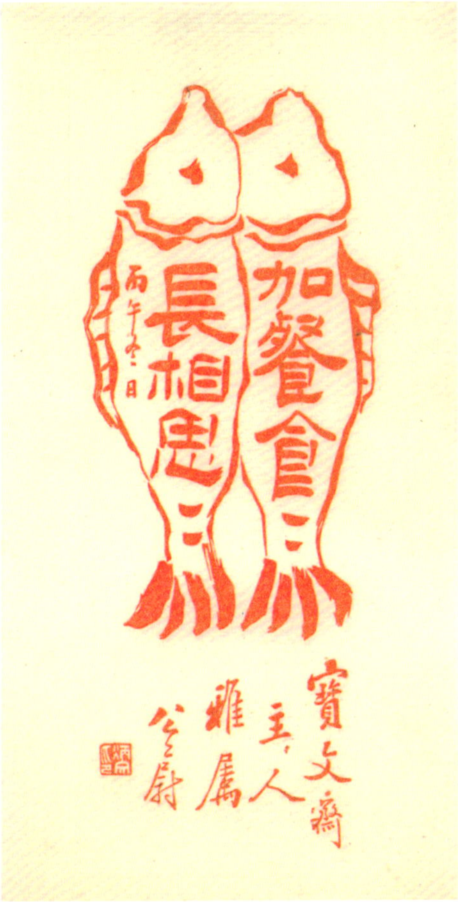
加餐食
長相思
寶文齋主人雅屬

图十六：宝文斋制双鱼笺

有很多讲究，比如称谓要正确、礼数要周到、文辞要典雅等等都是，至于字迹书法，那讲究就更多了。写给长辈、上级，用楷书或行楷，必求工整，亦可略显秀丽；写给朋友、晚辈，多取行书或行草，可以随意些，草率些。信札书法，完全可以显示出书写者的功底与造诣。好文辞、好书法，不写在好纸上岂不可惜？于是，花笺就派上用场了。收到信件的人，除了获知所传达的信息之外，更多了一层欣赏书法、把玩花笺的乐趣，这又未尝不是一种艺术的享受。用花笺写诗词，则如前文所引“递叶叶之花笺，文抽丽锦”所说，是载体与文字相映互发，益增情致，二者不可相离。总而言之，花笺本身及其使用功效，显示出来的是一种文化现象，并且在它的流传与承继的过程中，汇入了我国古老的文化传统，从而散发出了耀眼的光辉。

笺纸既要染色、印花，又要往上面写字，其间必然要发生冲突，产生矛盾。这是花笺的艺术性与实用性的矛盾，好看未必的好使，好使难得好看。怎么解决呢？最好当然是两者兼顾，实在办不到，只好作出必要的取舍。以注重实用为前提，把图画装饰放在其次，那解决的办法一是避让，二是淡化，且依次说来。

图十七：采用饾版拱花工艺的角花笺

花笺多印“角花”，即把图画印在笺纸的左下角，处于署名落款的下方，正是写不着字的地方，这就让开了，彼此都不妨碍。但是，画只能尽量缩小，而且要躲到角落上去，那当然是很受限制的。图十七是一幅年代较早的角花笺，饾版拱花，印得相当工致，只可惜小了点儿。改动一下，换换位置，把缩小了的图画摆在正当中，它的身价也就被抬高了；写字时，可以交互安排长行与短行，不会受到太大影响。图十八、十九是上世纪三十年代荣宝斋印制的陈半丁“山水笺”，纸幅较为长大，加了边框的小幅山水画摆在中间，显得

古塘秋曉
陳半丁

图十八：陈半丁『山水笺』

图十九：陈半丁『山水笺』

图二十："蔬果笺"·辣椒

图二十一："蔬果笺"·栗子

非常醒目，果然新颖别致。三十年代还曾流行一种"蔬果笺"，雕版非常精细，印出来色彩斑斓，如图二十、二十一所示。画面上的辣椒、栗子都跟实物差不多大小，没有缩，也看不出避让的痕迹，而笺纸上的大部分面积却已经巧妙地留给写字用了，这种专挑细小之物作题材的构思也显示了制作者的艺术匠心。再看那剥开的栗子露出的仁儿，细微之处，套了四种颜色，恰好与整个栗子那较为单调的外壳的颜色形成了鲜明对比，真是大有看头也！

妨碍书写，叫做“挡笔”。花笺上面印单色的线描、双钩图画，不会挡笔，如果多种颜色套印没骨、写意的图画，纸面被颜色布满，写字时无处落墨，笔就好像被挡住了，这是印花和写字在争夺笺面空间而产生了矛盾。怎么解决？大都采用“淡化”处理，把颜色调稀，使之变淡而不致妨碍写字。这个办法曾被广泛采用。仔细比较，不同时期、不同字号，其淡化的程度又不尽相同。给人的感觉是，淡化得越厉害，写起字来也会越发放心大胆。这个办法固然有其可取之处，但颜色过轻，不够鲜明，未免令人感到遗憾。

大概是从晚清光绪年间的画家王振声开始，他画的一些笺稿不再淡化，照原色饾版印成画笺，只是题字和款识不用黑墨而用颜色，这是与原作画幅的明显区别。原色的画笺真是漂亮极了！且从文美斋印制的王振声画笺中挑选两幅略作介绍。

枫叶与菊花，组成“秋色平分”（图二十二），布局设色都很新颖；芭蕉与竹子，组成“风雨清谈”（图二十三），蕉叶听雨，竹枝摇

平分

图二十二：文美斋制王振声『秋色平分』笺

風雨清鼓
堅腦生
劭農

风，把“风”、“雨”二字落实下来，用朱砂画竹叶，使之与芭蕉的颜色形成鲜明对照，更为画面增彩。

如此鲜艳漂亮的画笺，如用“淡化”印刷岂不可惜？于是照原画的深浅印出来，使它不致减色。原色岂不挡笔？使用起来也自有办法。那就是用较浓的墨把颜色盖住，可称为敷盖的办法。该在哪儿写就在哪儿写，不必考虑字下面是不是有画儿，不写字的画笺就当画看，写了字的也不耽误，从字缝之间仍然可以当画看。图二十四甲是王振声的画笺，乙是蔡元培先生写在该画笺上的诗稿，两相对照，可见用浓墨敷盖，大体上可以解决原色画笺挡笔的问题。再举一个有意思的例子。图二十五甲是齐白石画的一幅“藤萝蜜蜂”笺，再看图二十五乙，这是白石老人自己在该笺上写的文字，有意思的是，他不往空白处写，却偏偏写在颜色密集的花嘟噜上，真是奇怪而有趣，但从写过字的效果看，飞动的蜜蜂没被盖住，右下方的款识仍很清晰，还是很有章法，蛮不错的。齐白石在艺事上，每每有出人意料之举，而这，不正是他之所以成为大艺术家的一种因素吗？

图二十三：文美斋制王振声『风雨清谈』笺

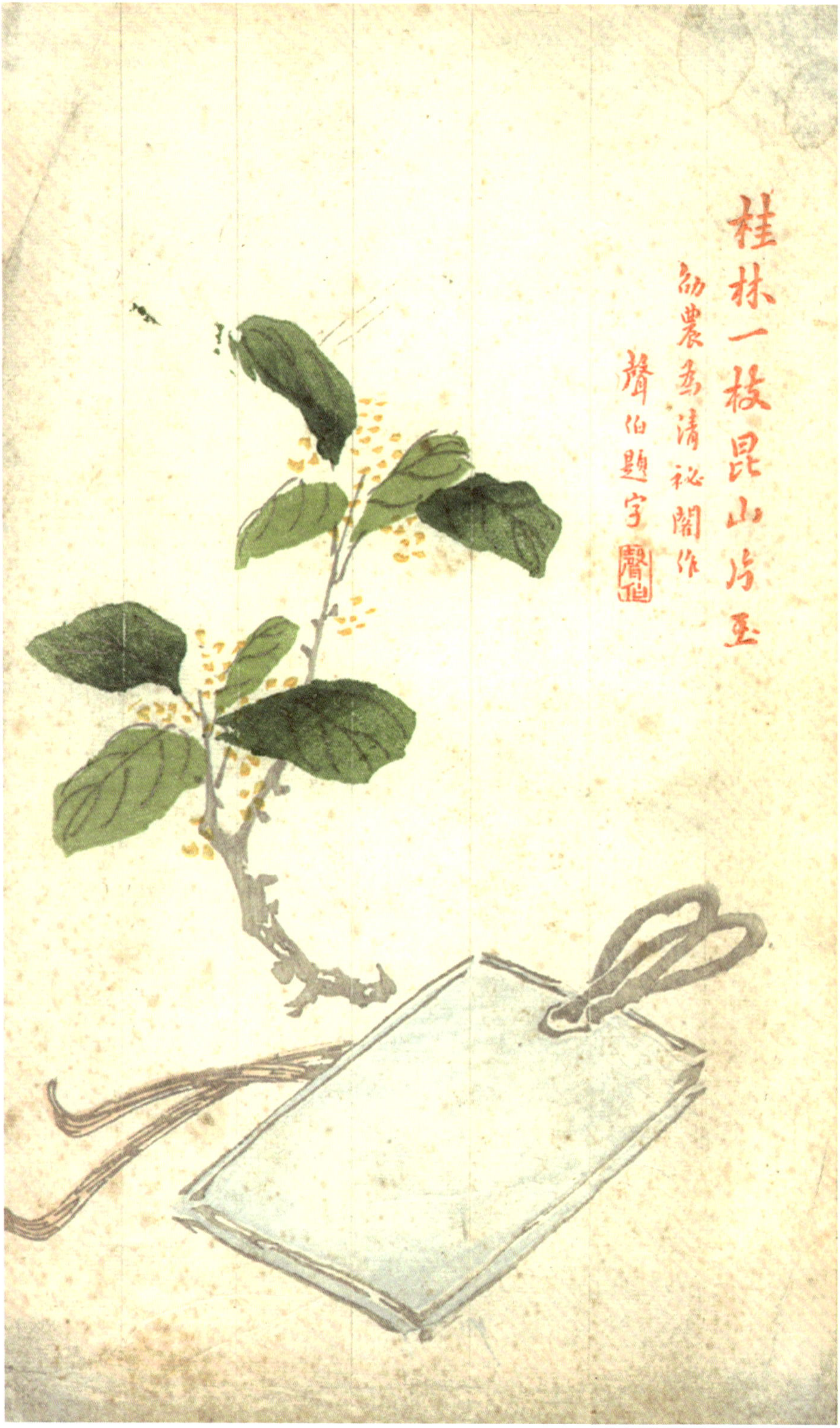
桂林一枝昆山片玉
劬農孟清祕閣作
聲伯題字

图二十四甲：王振声画笺

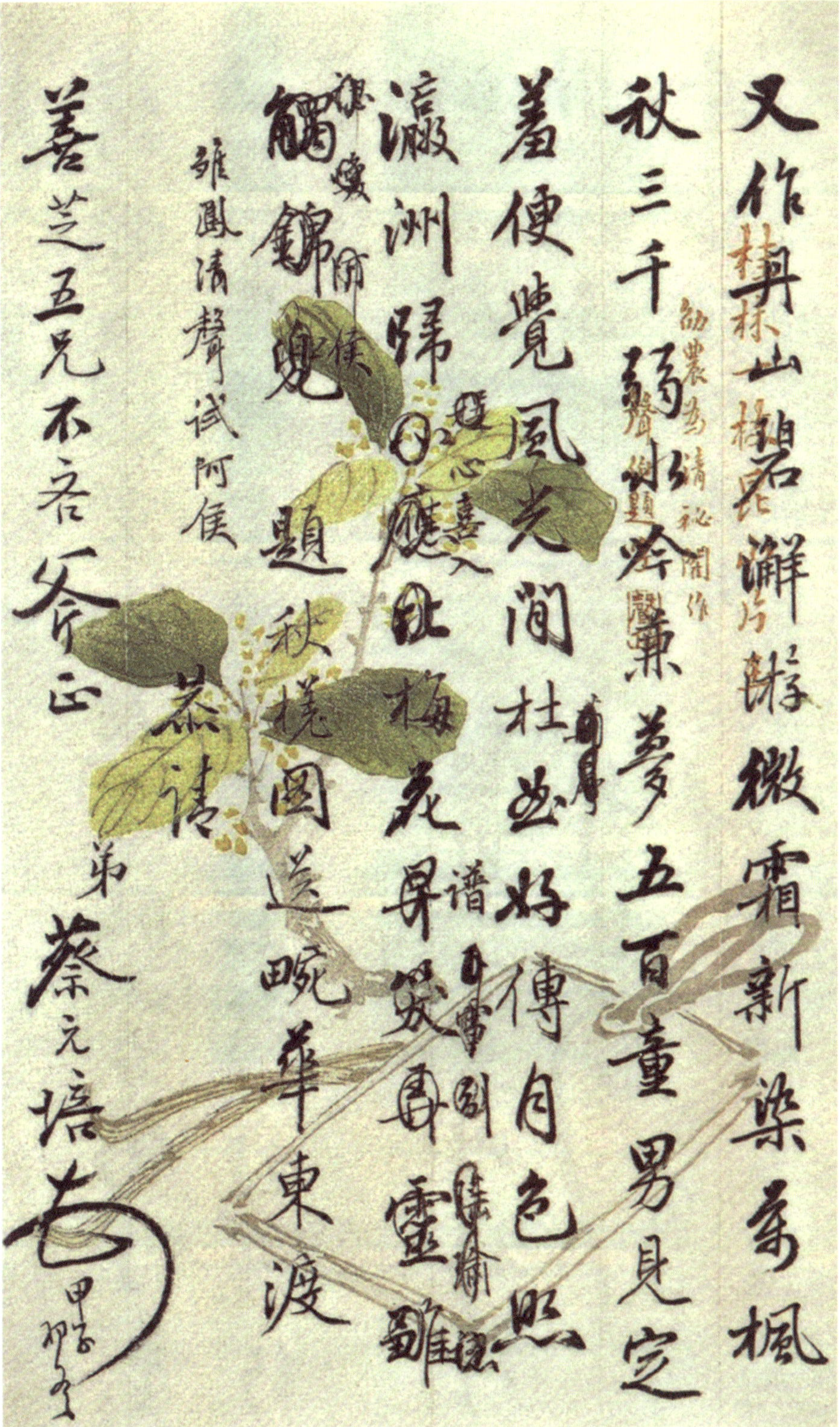

图二十四乙：蔡元培写于画笺的诗稿

图二十五甲：齐白石『藤萝蜜蜂』笺

图二十五乙：齐白石自写于画笺的文字

图二十六甲：余绍宋仿元代四大家秋景山水画笺

从清末到民初的几十年间，由于多位一流画家参与绘制，画笺的制作又掀起了高潮，到二十世纪三十年代，这一高潮达到了顶峰，同时，也成就了画笺的最后的辉煌。当时，北京、上海等地的几家大字号，如清秘阁、荣宝斋、文美斋、朵云轩等，都曾有过上乘的制作，同时，故宫博物院、商务印书馆（用其藏书楼“涵芬楼”之名）也加入了制笺的行列，可称极一时之盛。

精美的画笺，在爱好者的心目中逐渐形成了一种独特的艺术魅力，它虽然至少要“下真迹一等”，但木版水印的“印刷品”特有的味道，却是原画真迹所不能具有的，而这，恰恰是画笺的招人喜爱之处。艺术品的欣赏，虽然见仁见智，人人各异，但真正好的东西，终究会得到普遍赏识。于是，由使用而欣赏，再而收藏，也就成为了必然之势。

既云收藏，首先要求完整，这是针对花笺的成套而论的情况而言。花笺有单幅的，但更多是成套的，四幅、八幅为一套的最为常见，也有双幅的“小套”和十幅以上的“大

图二十六乙：余绍宋仿元代四大家秋景山水画笺

套”。如何组成一套？或取相关联的绘画题材，如梅兰竹菊、春夏秋冬等；或取一家的同题之作亦或邀请几家同画一题，如赵世骏摹黄瘿瓢“八老笺”、吴待秋的梅花八种、“生肖笺”的四家画猴等。还有取边框界栏之相同，形制色彩之相关等等。总之，只要具有某一相同、相关之点，便可组合成套。如同近世之集邮一般，完整成套，便有了追求，有了标准，也会增添收藏的兴趣。

成套的画笺，在款识上也往往能够看到画家的有意安排。如王振声的一套四幅花卉笺，分别以他常用的四个别号署款，这应该是看似无心而实为有意的一种宣告。再如图二十六，这是余绍宋仿效元代四大家的秋景山水画笺，四幅一套，最为标准。仿黄公望的一幅题“秋日幽居”，小字“拟子久”，不署名号而只钤“越园”联珠小印；仿王蒙的一幅题“秋山烟霭”，仿吴镇的一幅题“秋江客兴”，仿倪瓒的一幅题“秋亭逸致”，每幅都有一个“秋”字，字迹款式亦皆相同，而在末幅加一长款，记年月、内容、绘制缘由，全套画笺周密完整，协调一致，充分显示了画笺“成套”这一特征。

收藏花笺，若在当年，自是及时到各家店铺选购最为便当，可是也有难以购求的，那便是不作商品出售的自制笺、自用笺。所谓自制，不一定是自己动手亲自制作，多是委托商家代为制作，商家亦备有半成品代客加款者；自用，则是真的自己使用，难与旁人方便的，用此类笺纸写信，能使受函者见笺知人，增添几分亲切感，同时也兼有一点保真防伪的意思，故而自制自用之花笺在清末民初时期是非常流行的。一广泛流行，便分出雅俗，凡物皆然。文人名士自制之笺多简净高古，俗子之附庸风雅者多作态可厌。举图为例，略事申说。

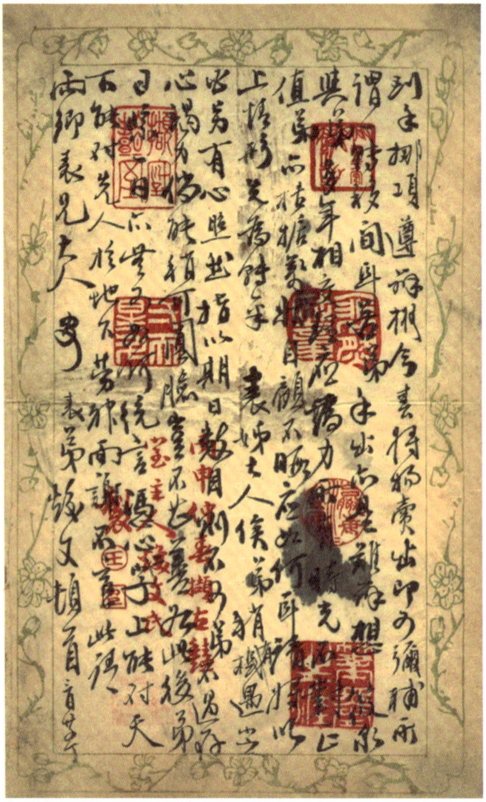

图二十七：晚清私人自制自用笺

图二十七是晚清庚子年间的一通民间书札，所用笺纸即系自制自用者。该笺是在原有的绿色梅花边框之中加印了红色的六方印章和三行款识。款云“丙申仲春撷古艳室主人焕文氏制”，下钤两枚小印，圆形的是“王”字，方形的是“印”字。据此可知，笺纸制于公元一八九六年，制笺者姓王名焕文。函件末行之墨笔署名与笺上印的红色署名，笔迹全同，故知用笺者正是该人自己。从笺纸、字迹、书信内容等方面考察，这位王焕文先生读过几年私塾，粗通文墨，写得一笔“买卖字”，自己经

营着一家商号。有了这样的文化程度和社会地位，便风雅起来，取了一个雅得过了头的室名别号，印了自用的花笺，他本人似乎也随之而飘然了。信函的内容是关于债务的一团纠葛，充满市井之气；其字迹似乎还算顺溜，实是俗不可医；印章上只刻一个“印”字，前所未见，正是冒充风雅却露出的马脚：此等物事，只一个“俗”字便可了得。或雅或俗，约略言之，当是人们各自的品性气质、文化素养等等因素在其日常生活中的自然流露，不是做出来的，也是做不出来的。这段话说得多了些，但少了说不清楚，敬祈鉴谅。

物以稀为贵，也以难得为贵，既稀有又难得之物，文人名士之自制笺可算其一。文人名士自制笺，大都不求繁缛华丽而重在实用，有个名号标记就可以了；两者就是有特殊意义的事件背景而足资纪念者，往往也留存在笺纸上。近人郑逸梅先生作《尺牍丛话》，中有“文人名笺”一则，记述当时上海三十多位文化名人的自制自用笺。其中大多数只记名号，如“徐枕亚于笺端印有‘枕亚启事之笺’六字，朱文，乃其自笔也”，又如“赵眠云有心汉阁笺，为青山农书”，等等，皆极简净。内容繁复一些的，如吴湖帆自制的，具有悼亡意义的“绿遍池塘草”笺，又如蔡姜白为徐珂所绘“枯木顽石”笺，木为“珂”字组成，石为“徐”字组成，姓名二字皆藏于画中，凡此等笺，皆新颖独特，招人喜爱。可惜我们看不到实物，连照片也无从访求，只好据书上所写，说说听听而已。

从时贤所汇集的图录、所编著的书籍中，我们不妨借用其照片，把文人自制自用笺“图说”一下。图二十八是刘半农的自制笺，作正方形，十行十列分为一百个正方小格，于左下角的边侧，用极小字，署“半农书翰”四字。该笺素净典雅，新颖别致，刘先生用自己擅长的唐人写经体的楷字书写，每格一字，方方正正，整饬谐调，效果非常之好。图二十九是黄宾虹的自用笺，一张素纸，只在左下角疏疏朗朗地印上“宾虹用笺”四个小字，字取细笔长宋体，娟秀而大方。写信时，很自然地避开，让四个小红字清清楚楚地排列在下款的位置，显示着几分谦逊。如此简净的笺纸，可以使人静心，使人归朴。还有不能遗漏的一个例子，那是黄裳先生在《珠还记幸》中提到的，马廉自制的“不登大雅堂制笺”。该笺竟然选取了明朝刻本《金瓶梅》的插图作为笺画，图三十所示便是沈尹默先生用该笺写给黄裳先生的信，边框右侧，上角有“金瓶梅”字样，下角有“西门庆观戏动深悲”字样，书名回目均予标明。马隅卿这套自制笺，当有四幅，所选用的图画真有让人意想不到的奇特，而他“敢用这种笺样来印造自用信笺，当然需要一定的胆气，能随手取来写信也不是容易的事”。马氏自称“不登大雅”，而此笺毕竟“雅”欤？“俗”欤？这恐怕

伯鴻先生道席前月南歸
渴思一承　明教終因彼
此事忙展轉奉訪未得晤
談機會良用惆悵北旋後
見舒居來書知乾隆英使
覲見記一書稿材已蒙
惠允可以採用不必備價
無任感荷除將來成書時
當於序文中奉揚　高誼
外先此寄函鳴謝順請

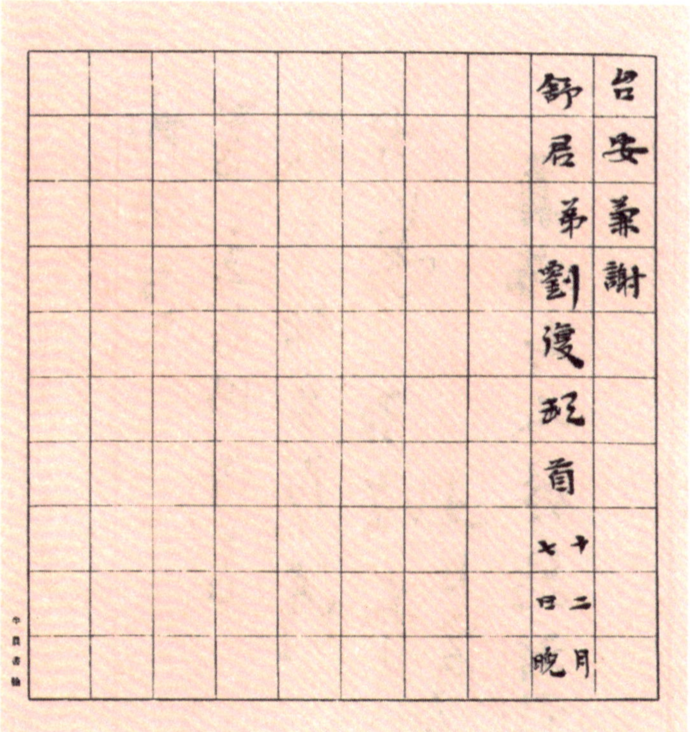
台安　兼謝
舒居　弟劉復頓首
十二月七日晚

图二十八：刘半农自制笺

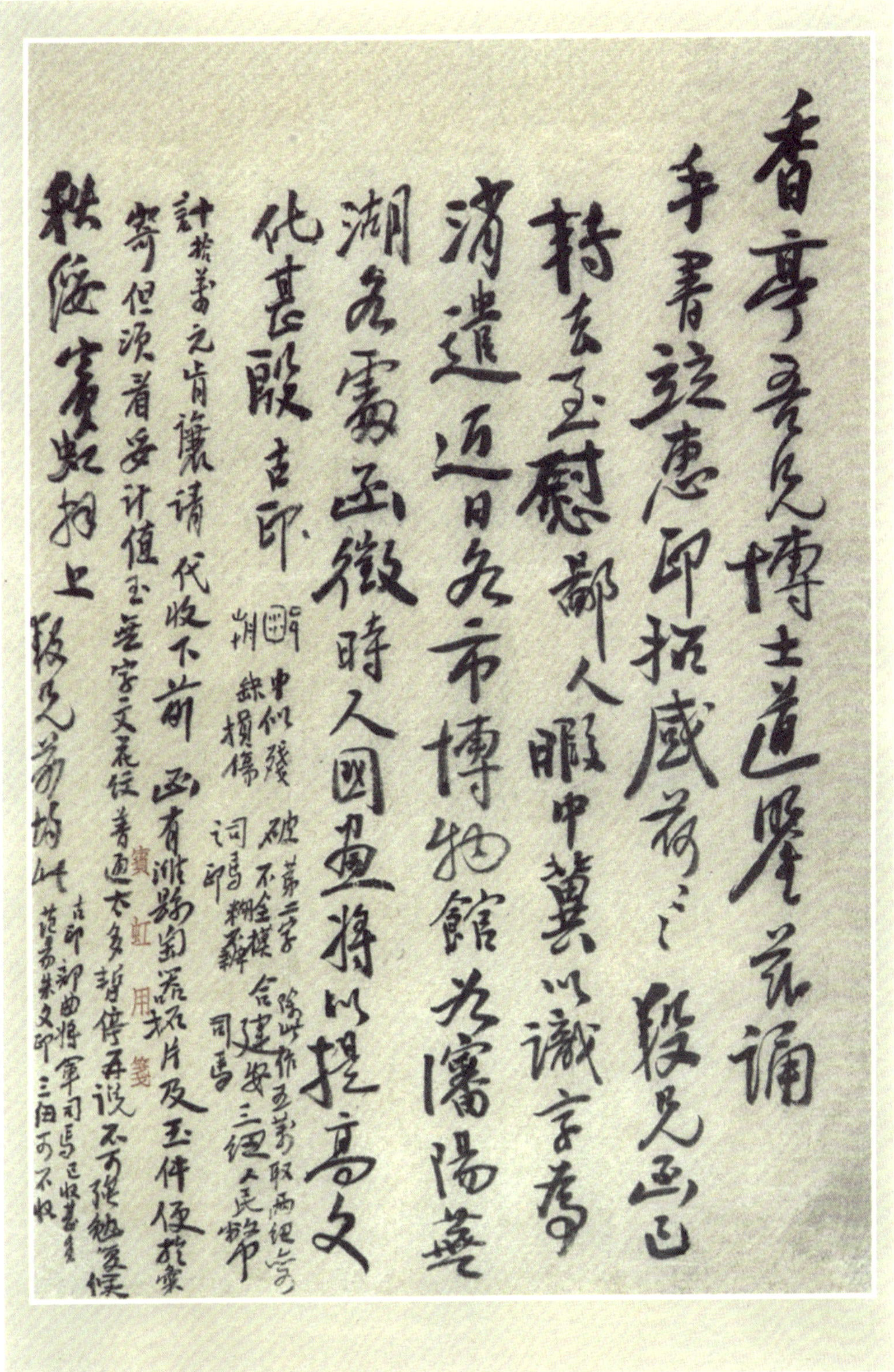

图二十九：黄宾虹自用笺

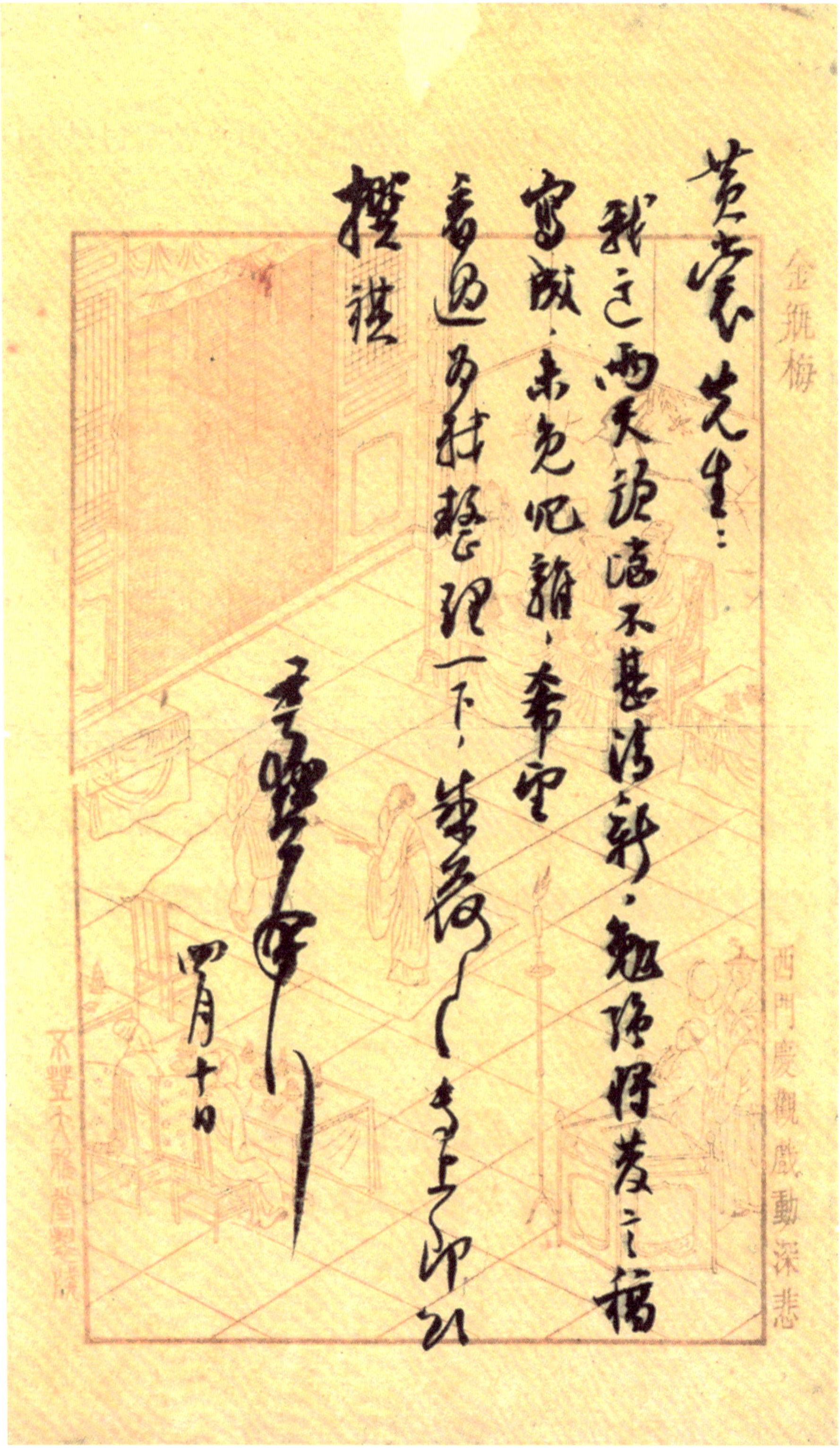
黄裳先生：
我这两天头脑不甚清新，勉强将发之稿寄献，未免肥雜，希望
尊边多斟整理一下，[illegible]
撰祺
[illegible]
四月十日

金瓶梅
西門慶觀戲動深悲
不登大雅堂製箋

图三十：马廉自制的『不登大雅堂制笺』

要用俗到极处翻成雅的道理来解释了。

自制笺纸并不难，如果要求不高的话。笔者当年曾经有过实践的经验，不妨说说，聊供笑谈。五十年代初期，买到一大叠奏本纸的白折儿，打算作为练习小楷之用。一日忽发奇想，何不自己写几个字，刻在木板上，印一印，制成信笺呢？于是用薄纸写了“忆旧游斋制笺”几个字，反着贴在一块木板上，为图简易刻成阴文，然后把水彩颜料调成淡色，毛笔一刷，把纸摆正，用手指按压几下，揭开来，就成了图三十一那个样子。今日重睹六十年前剩余下来的这几幅自玩自乐的旧纸，不禁引发了一丝年轻时的温馨记忆。当年用它写信，曾经博得几位同好者的青睐，不过人数不多，“知我者二三子”而已——如今，这“二三子”皆已先后下世，思之又不禁怅然……怅然之思不绝如缕，因为下文就要写到花笺的“销沉”了。

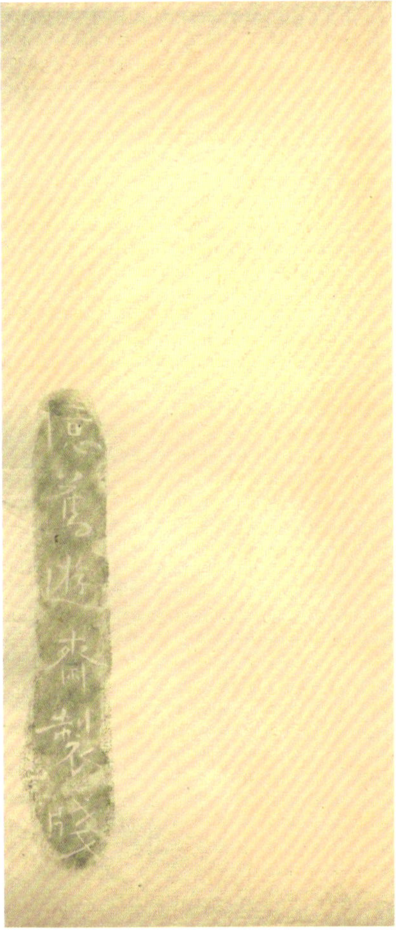

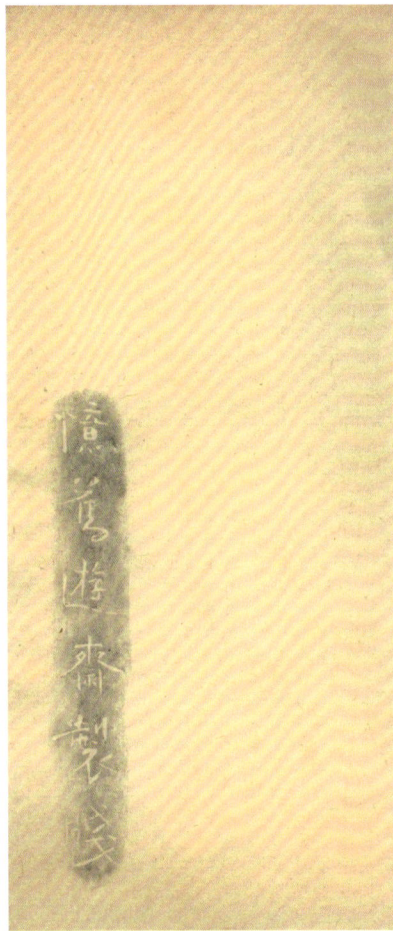
憶舊遊齋製箋

憶舊遊齋製箋

图三十一：作者自制自用笺

上个世纪二三十年代，花笺制作继明末清初的高潮之后，又迎来了一次新的高潮，但是，这已经是它最后的辉煌了。

一九三三年二月五日，鲁迅先生给郑振铎先生写了一封信，论及当时笺纸的高度水平，倡议编印笺谱以资总结和纪念。这是一篇重要文献，故将原件影本刊出，以助研读。(图三十二)经过两位先生的共同努力，大约用了一年的时间，《北平笺谱》终于圆满完成了编印工作。首印百部，都经两先生亲笔签名，愈加珍贵。《北平笺谱》是一部经典文献，是我国传统的木版水印花笺的选集、总集，也是最后的结集。它集绘画、雕版、印刷于一体，充分展示了花笺的艺术水平，标志着我国传统文化一个支派的一段光辉里程，在一千多年木版水印制作花笺的"终点"上，建立起了美仑美奂的一座丰碑。

鲁迅先生以犀利的目光，洞察到花笺"不久也将销沉"的历史命运，这一点是尤其值得注意的。

纵观我国文化的历史进程，文字的载体由龟甲兽骨到竹简木牍，再到绢帛，再到纸张——纸张又是由软纸到硬纸，最后，将要到来的更是由有纸到无纸，纸张将被屏幕广泛地取代了。书写的工具则是由刀而笔，由软笔而硬笔，最后将是手敲键盘，根本用不着笔了。还有，传递信息更为简便的手段是直接用语言声音进行交流，根本用不着再把语言记录成文字符号并付诸载体了。上述种种现象都是人类文明和科学技术不断发展、不断进步的必然趋势与必然结果，这是历史的客观规律，它不会因为人们的留恋而停滞不前。作为用软笔书写文字的载体的花笺，它的产生、发展与销沉，也正是历史进程中的一个必然的环节，对此，吾人应该理智地看待，毋须怅然叹息。花笺曾经有过辉煌，这就说明它已经圆满地完成了它的历史使命，而且给我们留下了颇有价值的文化遗产，给我们留下了赞赏与追慕；这一切，就已经足够了。

三十年代中后期，应验了鲁迅先生的预言，木版水印的花笺果然出现了"销沉"的现象，全国只剩下了很少的几家还在从事花笺制作，像是寥落的晨星还在挣扎着闪耀出微弱的光芒。"销沉"的原因很显然，也很简单，就是使用毛笔的人少了，取而代之的是钢笔和再晚出现的圆珠笔，用的纸呢，当然也就改为"硬笔"相适应的"洋纸"了。

当时，也还有用单宣、连史之类的软纸制作花笺的，但已舍弃了雕版水印的传统技艺而改为锌版、油墨、机器印刷，所制成品徒具形貌，其实已经丧失了木版水印的传统

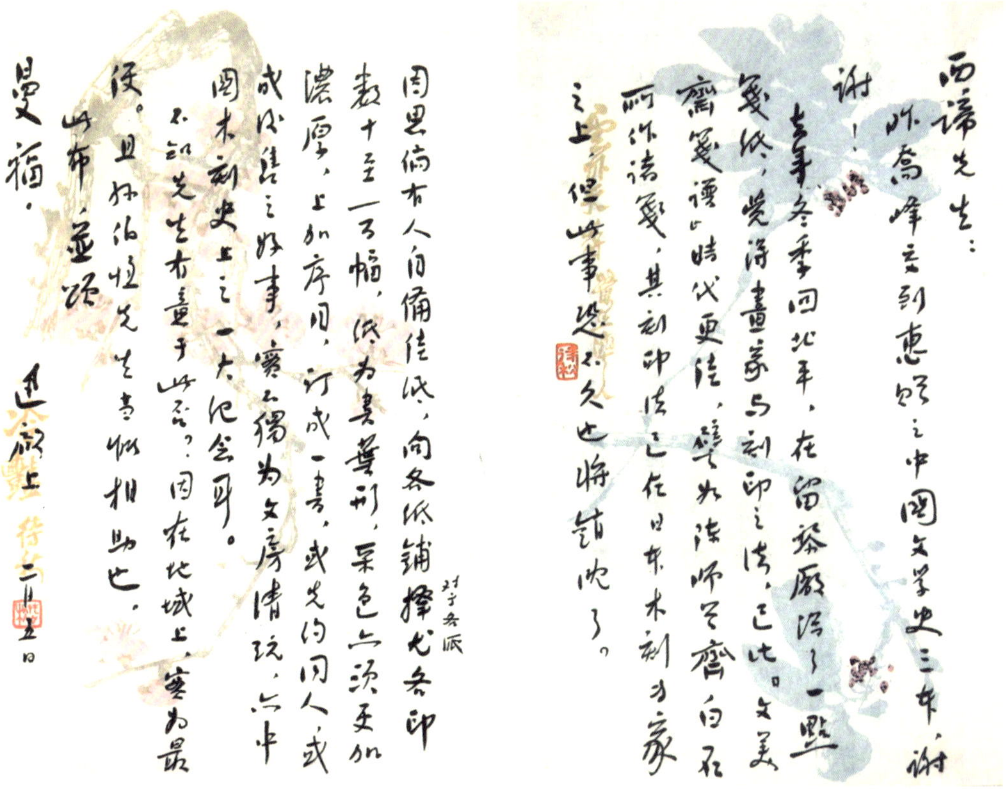
西谛先生：
昨乔峰交到惠赠之中国文学史三本，谢谢！
去年冬季回北平，在留黎厂得了一点笺纸，觉得画家与刻印之法，已比文美斋笺谱时代更佳，譬如陈师曾齐白石所作诸笺，其刻印法已在日本木刻专家之上，但此事恐不久也将销沉了。
因思倘有人自备佳纸，向各纸铺择尤（对于各派）各印数十至一百幅，纸为书叶形，采色亦须更加浓厚，上加序目，订成一书，或先约同人，或成后售之好事，实不独为文房清玩，亦中国木刻史上之一大纪念耳。
不知先生有意于此否？因在北平，实为最便。且孙伯恒先生当能相助也。
此布，并颂
曼福。
迅 顿首 二月五日

图三十二：鲁迅就编印《北平笺谱》致郑振铎信

韵味。又因油彩不受墨，写不上字，用钢笔更是洇得一塌胡涂，根本不能使用。看来，在纸与墨的搭配上，“中”与“西”是难以合璧的。这类东西，充其量不过是表示了对传统花笺的一丝留恋之情而已。

抗战胜利后，圆珠笔（当时时髦的名字叫做“原子笔”）迅速涌入我国市场，钢笔也已由原来的“蘸水”变为“自来水”，“派克”、“雪佛”等外国名牌插在上衣口袋上，不仅随时可以取用，而且也已成为地位身份的象征，此时，毛笔的社会功用的地盘几乎完全被硬笔所侵占，只能退守到“书法”的领地上去了。在这种情况下，花笺已经不止是“销沉”，而且是接近消亡了。

新中国建立以后，弃旧图新成为了普遍的社会意识，笺纸也完全变成了新式，采用粉连、凸版一类纸张，锌版单色之外更有了胶版彩印，所制成品美观大方，硬笔书写也非常便利。这种全新的东西，已经和木版水印全然无涉，它只能是伴随着印刷技术的发

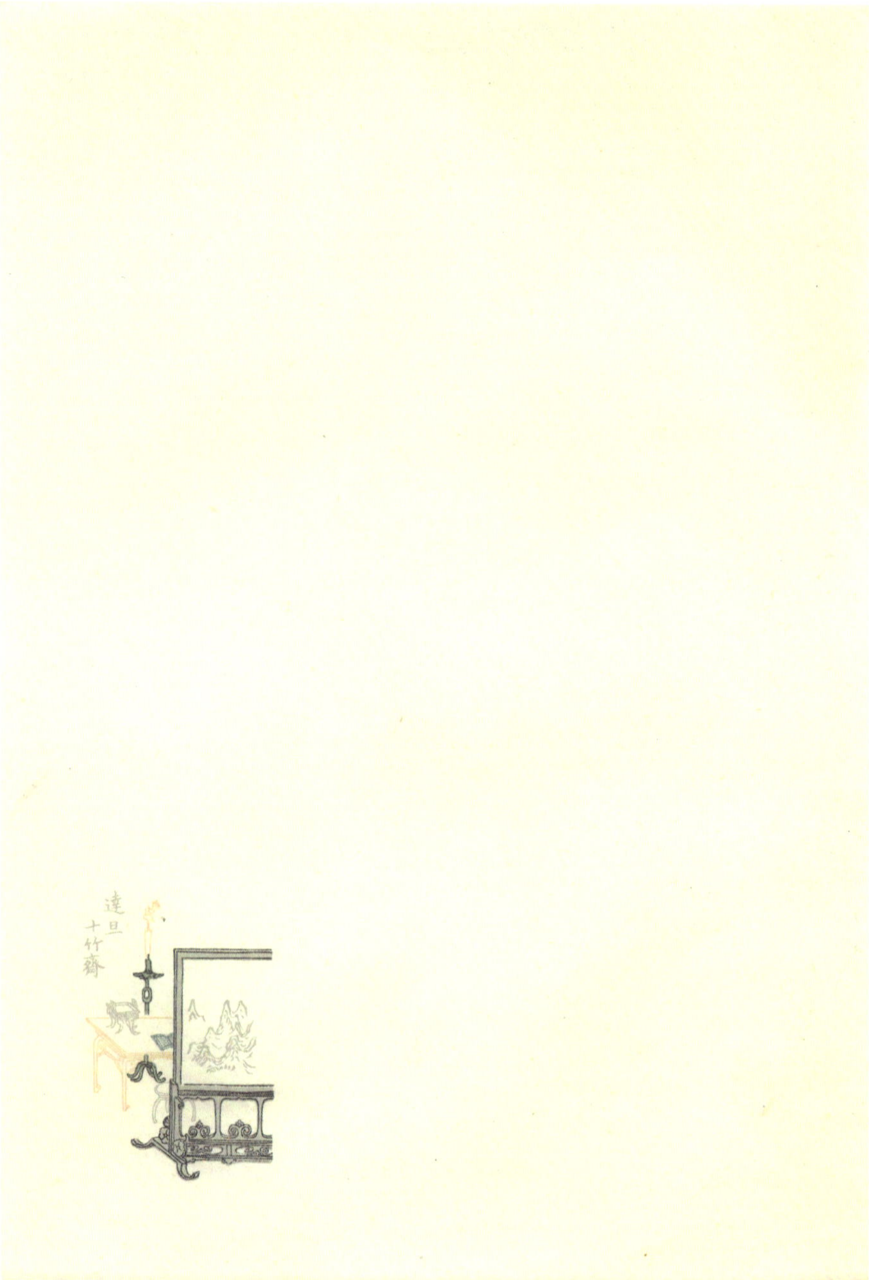
達旦
十竹齋

图三十三甲:“十竹斋笺”

展变化而产生的新式的文房用品。上世纪五十年代中期,北京流行一种新式的“十竹斋笺”,自胡曰从《十竹斋笺谱》中选取图样,印作新式笺纸的角花,制作相当精良,既承续传统也不失新意,很美观也很实用。图三十三只举出了它的两种图样,以见一斑。还有

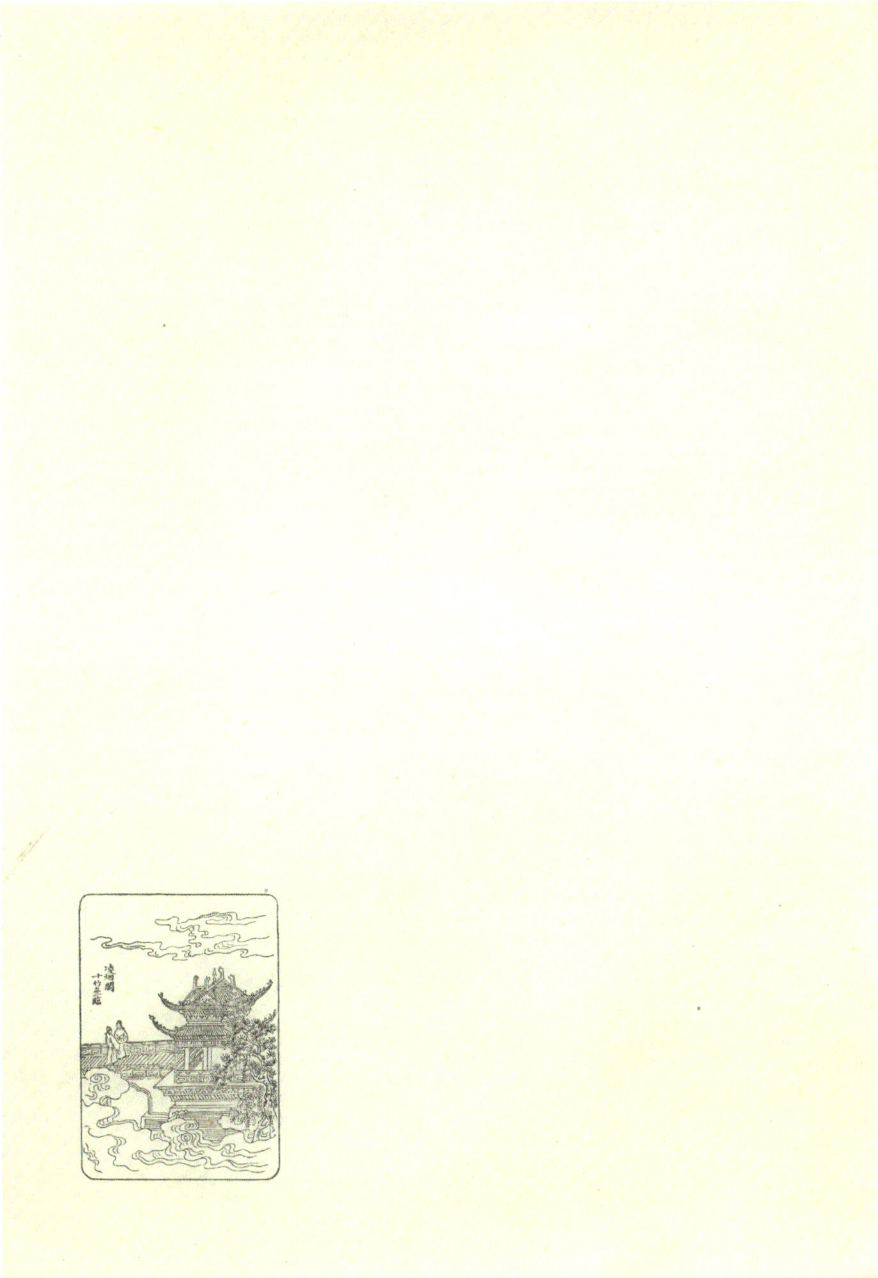

图三十三乙："十竹斋笺"

一种彩印的陈半丁花卉笺，颜色鲜艳款识完整，图画约占笺面的三分之一，足供观赏，也不误使用，安排得颇为恰当，只可惜制版技术还欠精到，画面不够十分清晰，图三十四选了其中的四幅，供读者观赏。

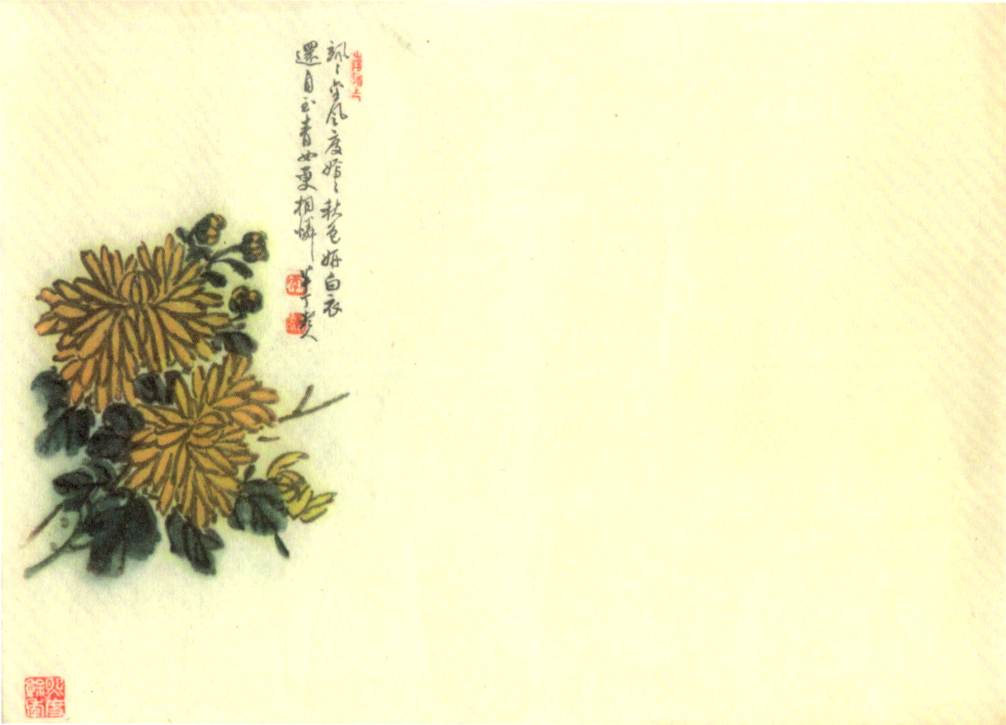

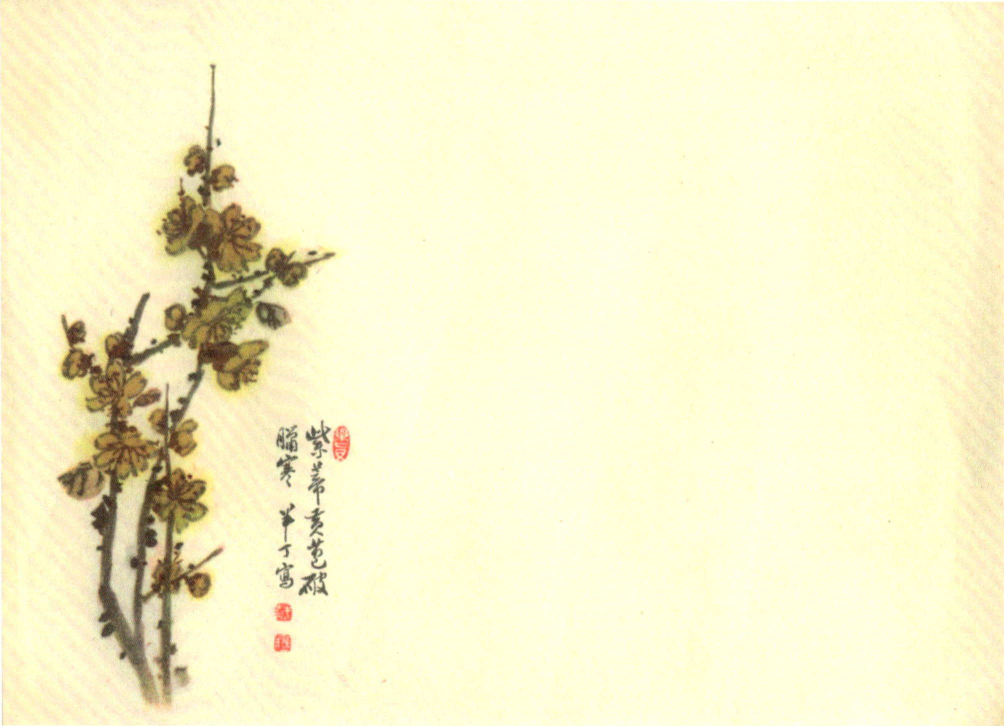

图三十四甲：彩印陈半丁花卉笺

图三十四乙：彩印陈半丁花卉笺

人民大会堂留念

人民大会堂留念

图三十五："人民大会堂留念"笺

一九五九年，建国十周年之际，首都北京落成了人民大会堂、历史博物馆等"十大建筑"，座座高大雄伟美仑美奂，标志着新中国十年建设的伟大成就，全国人民为之振奋鼓舞。当时，很多美术、摄影作品都以"十大建筑"为题材，蔚为风尚。十年大庆以后不久，笔者偶然买到一本"人民大会堂留念"的信笺。笺面图画是大型的玻璃吊灯，单线勾画，用浅赭石的颜色印出，下面是整整齐齐的七个小字。（图三十五）此笺简洁大方，呈现着传统花笺的高雅气派，题材内容不但新颖独特，而且具有历史性的纪念意义，非常值得珍视。可惜的是，笔者买到的那一本之中只有三种花样，肯定不全，应该至少有四种。买回之后，当即发现了它的不全。次日再至那个文具店，却关着门；再次日再去，仍未营业，询其邻人，始知该店已然"关张大吉"，所余货底子，不知让谁盘了去了。当时怅然失落之感，至今仍有记忆。细想，当是印刷厂的装订工序出的问题，只管凑足页数，不问花色是否完整——这又说明，当时人们已经不再留意笺纸的花色必须成套这回事了。从收藏的角度说，笔者得到这几幅"人民大会堂留念"笺，既是幸运的巧遇，也有残缺的遗憾。这段闲话为什么说

ドラえもん
LOVE DORAEMON

GOOD LUCK TO YOU
Mashi maro

图三十六：卡通漫画笺

了这么多？因为当年看到这几张笺纸的时候，眼睛曾经为之一亮，精神曾经为之一振，好像绝处逢生一样，看到了中国花笺的流风遗韵中的最后一道闪光。

改革开放以后，我国经济迅速发展，科学技术突飞猛进。随着信息传递的更加简便快捷，人们写信的机会更少了，笺纸也随之而趋于消亡。及至上世纪九十年代，在少男少女初中学生的人群中，以卡通漫画为题材的笺纸忽然流行了起来。它是和新年贺卡、生日贺卡相伴并生的。它表达着少年人对青春和友谊的沉浸和赞美，虽然也有星座、命相之类的玩意儿，但总体还是天真烂漫、生机勃发、招人喜爱的。这类笺纸以动画电影中的“人物”故事为题材，大多是外国的，也有中国的，米老鼠、唐老鸭、机器猫、流氓兔皆在其中。色彩艳丽、制作精良，也是它的特点，它的尺寸比较小，最小的只有香烟盒子那么大，还有的配有花色一致的封套，一起传递或邮寄，蛮讲究的。（图三十六）

同一时期，适合成年人使用的一种叫做“翻斗跌斗”（Fido Dido）的漫画笺也流行了一阵子。寥寥几笔画出的漫画人物是三角脸形，兜风大耳，直竖着几根弯曲的头发，造型颇有创意，极具特色，故而成为了美国风靡一时的商业广告漫画形象。把这个人物形象印到笺纸上，自会产生一种喜剧效果，令人愉悦。（图三十七）

历史已经进入二十一世纪，卡通漫画笺作为最后的藕断丝连的一束光彩也已经绝迹，至此，花笺，这种延续、挣扎了一千三百年的文房用品，终于完成了它的历史使命而寿终正寝了。也许有人会说，现今，在几家专营中国宣纸的专业商店里，不是还有用透明纸包装的、价钱不菲的中国式的“花笺”仍然在出售吗？这固然属实，但请注意，那只是仿制的印刷品，打扮得再花俏也是“贾门贾氏”，在中国花笺的历史长河中根本占不上位置。花笺的消亡就是消亡，是历史的、必然的消亡，这类仿制品虽“借尸”而不能“还魂”，更算不得“起死回生”。

图三十七：“翻斗跌斗”卡通漫画笺

FIDO DIDO

FIDO
DIDO

花笺图说

分说

薛涛笺

三百六十行，行行都有祖师爷。制笺业，当以中唐时代的女诗人薛涛为祖师。古人关于薛涛制笺的记载，多辗转袭录，新意无多，撮其要者，不外两端：一谓尺寸，说它幅小，才容八行——这当是与唐代“卷子”的尺寸相较而言；二谓颜色，说它染作桃红、松花诸色，而深桃红色者，尤其被人们喜爱，遂成为一种“标志性”的颜色，径称此色“薛涛”。晚唐李商隐有“浣花笺纸桃花色”的诗句，韦庄有“泼成纸上猩猩色”的诗句，五代崔道融有“薛家凡纸漫深红”的诗句，都是针对薛涛笺的颜色特征而进行描述的，更有今存实物可征。图三十八甲所示，是晚清时期北京士宝斋纸店所制薛涛笺，盒面题字与盒内所装，足资证明传统的薛涛笺的确就是那种特定的深桃红色的笺纸。

中国人崇尚红色，《礼记》中就有“周人尚赤”（《曲礼上》）的记载，可知这一观念有其悠久的历史，已经成为中国传统文化的组成部分了。红色，象征着光明正大、喜庆吉祥、热烈火炽、艳丽明朗等等美好的观念；在日常生活中，人们的赞美、追求、希冀、祈盼等等心意也往往用红色来表达，来寄托。给笺纸染色，红，自然地成为了首选。南朝人徐陵编《玉台新咏》，收录江洪所作的《咏红笺》一诗，有云：“杂彩何足奇，惟红偏作可。灼烁类蕖开，轻明似霞破”，对红色作了大力的赞美。唐代女诗人薛涛染色制笺时，必定是依

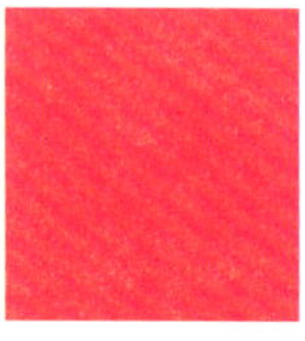

北京
士寶齋製薛濤牋
葵生署

图三十八甲：薛涛笺笺盒

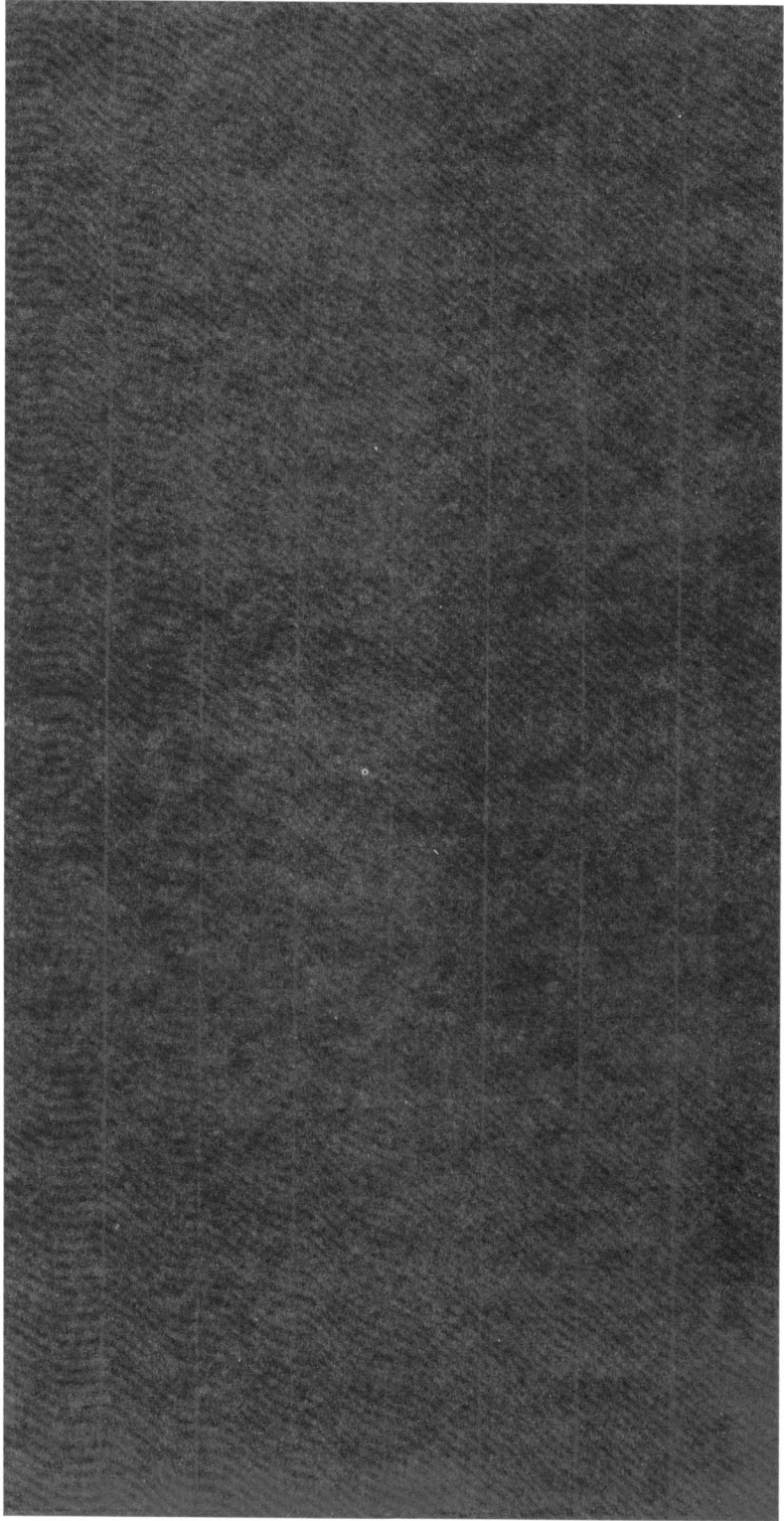

图三十八乙：薛涛笺

据传统的审美标准，把红色作为了首选。尤其可贵的是，她没有直接用大红、正红，而是对红色又作了一番调配，终于染成了特有的深桃红的“薛涛”色。

薛涛笺的颜色艳而不俗，既鲜明艳丽又凝重大方，颜色虽深，但不挡笔，人们已经习惯性地知道写“薛涛”必用浓墨、好墨，字迹又黑又亮，完全把那深桃红色罩住了。所以薛涛笺一直深受喜爱，流行广泛，试看今存大量的清人尺牍，使用薛涛笺的比例是相当大的。

上个世纪八十年代，改革开放之初，薛涛故居作为旅游景点有纪念品性质的“薛涛笺”出售，但只是时贤绘制、彩色印刷的一种信笺，虽名“薛涛笺”，实非薛涛笺，要分辨清楚，不可混淆。

染色，是美化笺纸的最初选择，也就是说，先有色笺，然后才有画笺；而且，有了绘画，仍然不废染色。唐代薛涛奠定基础之后，经过宋之谢景初，明之谈仲和，到清代的“云兰阁”，笺纸染色的技艺可谓达到了高峰。从现存实物和大量印刷品可见，云兰阁所染各色笺纸都是相当典雅大方的。

素纸染色是文人自制诗笺、信笺的一种手段，有意无意之间效仿薛涛，视为雅事。清人蒋坦《秋灯琐忆》中记载，其室人秋芙“以金盆捣戎葵叶汁，杂于云母之粉，用纸拖染，其色蔚绿”，以娟秀的字迹书写诗句于其上，纸墨相得，极其高雅。蒋氏所染蔚绿之色，当是“松花”，而松花笺，亦薛涛所制之名品也。

薛涛笺不仅享名国内，而且远播外洋，流传至今。张蓬舟先生暨其后人祖孙三代历时百年著成《薛涛诗笺（修订版）》（2012年，人民文学出版社第二版），书中记载，美国女画家、诗人苏珊·奥尔森，钦慕薛涛的诗名和制笺，曾于一九八三年，身着中国古式装，模仿薛涛，在溪头亲手染制深红小笺，被称为“当代的美国薛涛”。说薛涛笺的制作“至今不绝”，其根据就是这一条难得而又切实可信的重要资料。

一幅仅存的『祥瑞笺』

人立树旁，以盏承露，题“甘露降”、“承露人”，隶书字体，笔意近“夏承碑”，无画家名款与纸店字号。古人视天降甘露为人间祥瑞之征象，故可称之为“祥瑞笺”。古人视为祥瑞的，还有黄龙、祥凤、醴泉、嘉禾（见《淮南子·泰族训》），此外还有景星庆云、麒麟芝草等等，可供绘制的题材并不缺少，据以推测，此笺当年制作时不会只有一幅，而此幅独存，当是“失群”之物。纵二十五厘米，横十七厘米，奏本纸，单色（赭赤）木版水印。

此笺纸色古旧，中间部位有自然剥损之处那是岁月的痕迹，历史的痕迹，幸未损及画面与题字，不碍观赏。再就其字迹与画风之古朴简约以作考察，可知其年份比较久远，至迟也当在清代乾隆年间，距今约二百多年。对于这一推测，不敢自信，曾请教于一位目光犀利精于鉴赏的朋友，他仔细端详之后，作出了同样的判断，这就比较可信了。

“甘露”是古人对露水的美称，此外尚有“天酒”、“神浆”等美名。《老子》第三十二章中有“天地相合，以降甘露”的话，已经把天降甘露视为祥瑞了。汉宣帝五凤四年（公元前五十四年）因甘露连降，天意难违，遂改年号为“甘露”，足见古人对祥瑞征兆的重视。

甘露既是神水，不能让它白白地消散，要用器皿承接，收集起来，派上用场。怎么承接？汉武帝造神明台，上置铜铸仙人，伸双臂举盘以承之。杜甫《秋兴八首》中有“蓬莱宫阙对南

甘露降
承露人

山，承露金茎霄汉间”之句，李贺作《金铜仙人辞汉歌》所咏亦此。现今北京北海公园琼岛西侧北面，仍然立着一座高擎承露盘的金铜仙人，那当然是后代帝王仿造的了。接了甘露做什么用？史料记载，说是用甘露与玉屑混合一起，服用可以长生。说法过于神奇，不敢相信；近年以来，“真珠粉”之类颇为流行，有钱人或外涂抹或内服食，以求长驻朱颜，果真有效？令人疑惑。百思不得解，弃置勿复道。

此笺所画“承露人”，手臂平伸，托盏承接，显然是从金铜仙人那里演化来的，那是帝王承露，这是民间承露，区别仅在于此。笺画用单线勾勒，笔画极其简约，可称之为“简笔画”。画树无花无叶，画人无耳目口鼻，点到为止，示意而已，然而却经得起琢磨，耐人寻味。画树用曲线，画人用直线（当然，脑袋须得画作圆球状，不可弄成“棱子”），对比鲜明，相映成趣。曲线，可以从柔韧中显示树木的生机，而且婀娜多姿，富于美感；用直线画“承露人”，腿站直，手伸平，形成平直相垂的角度，带出了一些刚猛之气，从而表现了人物的一心一意、志在必得的那种神态。还有，线条简到极处，近似一种风格独特的漫画，于是就给观者平添了几分幽默之感。如此看来，简笔并不简单。

甘露降
承露人

图三十九：“祥瑞笺”

金冬心『梅花笺』

此笺高二十七厘米，宽三十厘米，将近一平方尺，是“斗方”式大型画笺。金冬心画梅花四幅，组成一套，单色浅紫，木版水印，北京淳菁阁一九二三年出品。字画高雅，刻印精致，色彩单一显得朴素，幅面广阔显得大方；一版印成，制作成本低，售价不会高；画色浅淡，不挡笔，很适用：这些都是这套画笺的可取之处。

图四十甲画面饱满。中间的一簇梅花，枝条向左伸展，右侧又画一簇，向上、向下伸展。枝条的弯转向背显出生机与活力；花朵开得茂盛，画出来却疏密得宜错落有致。右下方，两簇梅花交错之处，粗枝的穿插显得繁乱，而且交代得不够清楚，大致看来不见毛病，盯住这一局部，就看出它是败笔了。

图四十乙有长题，占去画面一少半。把题识放在重要位置，这是中国画的一大特点，而此幅已然到了书画并重难分轩轾的地步。梅枝占右侧，向左伸，不但给大片题识让出位置，似乎还显示了一种招致延揽的姿态，更有意思的是梅枝疏朗，题识茂密，收到了衬托与互补的效果，如此安排，足见冬心先生之艺术匠心。

这篇题识，收在了《冬心画梅题记》一书之中，移录于下：

吾家有“耻春亭”，因自称为“耻

昔耶居士

图四十甲：金冬心梅花笺

春翁”。亭左右前后种老梅三十本。每当天寒作雪，冻萼一枝，不待东风吹动而吐花也。今侨居邗上，结想江头，漫写横斜小幅，未知亭中窥人明月比旧如何，须于清梦去时问之。

文笔相当精彩。结尾部分，作客思乡，由梅花想到旧时月色，进而欲托诸清梦，更能将读者的思绪引入一种艺术的境界。这段文章，可算得上乘性灵小品。

题识用小楷书写，认真在意，而呈现出来的却是一种艰涩古拙的风貌，这是避免“馆阁体”的流丽柔媚，而矫枉未免过正的结果。冬心的题字看似笨拙，但仔细端详，毕竟功力深厚，追慕高雅，还是颇有韵味的。

吾家有耶春亭因自爾為耶春
翁亭左右前後種老梅三十本每
當天寒作雪凍蕊一枝不待東
風吹動而吐蕊也今倚居邦上結想
江頭漫寫橫斜小幅未知亭中窺
人明月比舊如何須于清夢去時
問之　壽門金吉金畫記

图四十乙：金冬心梅花笺

观赏图四十丙所呈现的那幅花笺之前，先引一则《冬心画梅题记》：

> 白玉蟾善画梅，梅枝戌削，几类荆棘。著花甚繁，寒葩冻萼，不知有世上人。玉蟾本姓葛，名长庚，弃家游海上，号海琼子，又号蠙庵、武夷散人、神霄散吏、紫清真人，殆乎仙者也。昔年曾见其小幅，题诗亦清绝。今想像为之，颇多合处。予初号曰冬心先生，又号稽留山民、曲江外史、昔耶居士、龙梭仙客、百二砚田富翁、心出家庵粥饭僧，可谓遥遥相契于千载矣。惜予客游无定，日在尘埃中，羽衣一领，何时得遂冲举也。

读了题记，我们就知道笺款识上的两个别号各是谁谁了。“龙梭仙客仿神霄散吏”，也就是“金冬心仿白玉蟾”。南宋时的道士葛长庚为人行事非常怪异：他博洽群书，擅书法，工画梅竹；初隐于武夷山，后来过继给白氏为子，改名白玉蟾；访师学道，历时九年，学得法术，据说能“入水不濡，逢兵不害”；又应宁宗皇帝征召，进京朝拜，并获封号；最后独入深山，不知所终。金冬心嗜奇好古，对于这样一位怪异人物钦佩不已，“遥遥相契于千载”，学着他的样子起了好几个别号，还希望能像传说中的那样飞升成仙，这也是颇为奇怪的事，姑且弃置勿道，仍说画笺。

这幅梅花笺，其高妙之处全在“取势”。主枝向右伸展，具健旺强劲之势，而主干却是由底部中间先向左弯再向右折，从而形成逆向反弹之势，显得很有力感，这就是取势。左下弯转之处，内侧密密着花，外侧留下空白，疏密对比之下，更见梅树生长之趋向，这又是取势。有了上述两个着意安排之处，全幅的特点就表现出来了。再将左上右下两个对角的空疏之处，用细枝繁花作些补缀，茂密、劲健尽得之矣。

图四十丁梅花以老干为主，以枯枝与零散花朵为宾，穿插也算得宜，只是右上角的一段粗干显得有些突兀。

款题“苏伐罗吉苏伐罗”，是金冬心先生的又一个奇特的别号，“苏伐罗”为梵语“金”，即“金吉金”。“佛家无忧林”，《冬心画佛题记》有云：“佛之化城，城中有无忧林，林中有十二种树”，可知冬心以自己所居为佛地，这当然是一种虚拟的说法。“庚辰秋日”记年份季节，前一幅的“八月十五日”记月份日子，二者合起来就齐全了。分开写在两幅上，也说明了这四幅梅花是同时画出来的。庚辰，乾隆二十五年，公元一七六〇年，那一年，冬心七十四岁，当属晚年之作，再过三年，他就去世了。

龍梭仙客仿神霄散吏
八月十五日記

图四十丙：金冬心梅花笺

無憂林中
庚辰秋日
蘇伐羅吉蘇伐羅畫于佛家
癸亥
春日
淳菁
閣鈎
北樓藏
本製箋

图四十丁：金冬心梅花笺

纸店的款识刻在了左下角的梅桩上，仿效宋人“藏款”的手法，使之不影响画面的完整，前一幅的款识也是藏在梅干中的四个阴文小字。此幅店款字数较多，写的是“癸亥春日，淳菁阁钩北楼藏本制笺”。癸亥，是公元一九二三年。北楼，是当年北京颇具声名的大画家金城，他号北楼，主持“湖社”，广收弟子，一时彦俊，凡名号中有“湖”字，若某湖、某湖者，皆出其门下。店家抬出北楼，意在宣示：此乃北楼藏品，真迹绝对无疑，广而告之，招徕顾客，亦颇具心思。

曲园墨戏『会友笺』

墨戏，以笔墨为游戏，或写或画，追求的是新颖独特、简易轻松，而且关合巧妙、幽默风趣，表达的是文人雅士的一种生活情调，有滋味，耐玩赏。曲园老人俞樾喜为墨戏，所作汇成一卷，附在全集之中。

此笺四幅一套，“会友”之名是笔者代拟。笺幅长二十六厘米，宽二十三点五厘米，近于斗方形状。原色奏本纸，单色（赭赤）木版水印。所绘简笔人物，近于当今之“漫画”；四幅内容衔接，组成一件完整的事情，犹如当今之“连环漫画”。四幅各以行书写标题，草书“曲园”落款，无印章。

上个世纪三十年代后期，曲园曾孙俞平伯先生以家藏旧版重印，自用并分赠师友。赠与乃师周作人一匣，周随即作《题古槐书屋制笺》一文，不长，全录于下：

> 昨晚平伯往顾，以古槐书屋制笺一匣见赠。凡四种，题字曰“何时一尊酒”、“拜而送之”、“跂予望之”、“如面谈”，皆曲园先生自笔书画，木刻原板，今用奏本纸新印，精雅可喜。此数笺不见于《曲园墨戏》一册中，岂因篇幅稍大，故未收入耶？而乃特多情味，于此可见前辈风流，不激不随，自到恰好处，是为师范。观市上近人画笺，便大不相同。老年不一定少火气，青年亦不一定多润泽味，想起来极奇，或者因不

何時一尊酒

图四十一甲："何时一尊酒"

会与会之异乎？此笺四十枚，随便用却亦大是可惜，当珍藏之，因题数语为识。

周作人这篇短文写于一九三八年五月二十日，收入《书房一角》中。"古槐书屋"是俞平伯的书斋名，笺纸的盒面上当即以之为签题。周作人数语题识已经说明了这套笺纸的诸多好处，并且流露了喜爱与珍视之情，只可惜他没有注意到这四幅简笔人物画的排列顺序，信手写来，未能显示四幅之间的"连环"关系。依次分述于下：

"何时一尊酒"是第一幅（图四十一甲），用的是杜甫《春日忆李白》中"何时一樽酒，重与细论文"的诗句，表示对友人的思念之情，故而可以称之为"思友"。从叙事的角度说，这一幅也可以看作是事情的"缘起"。

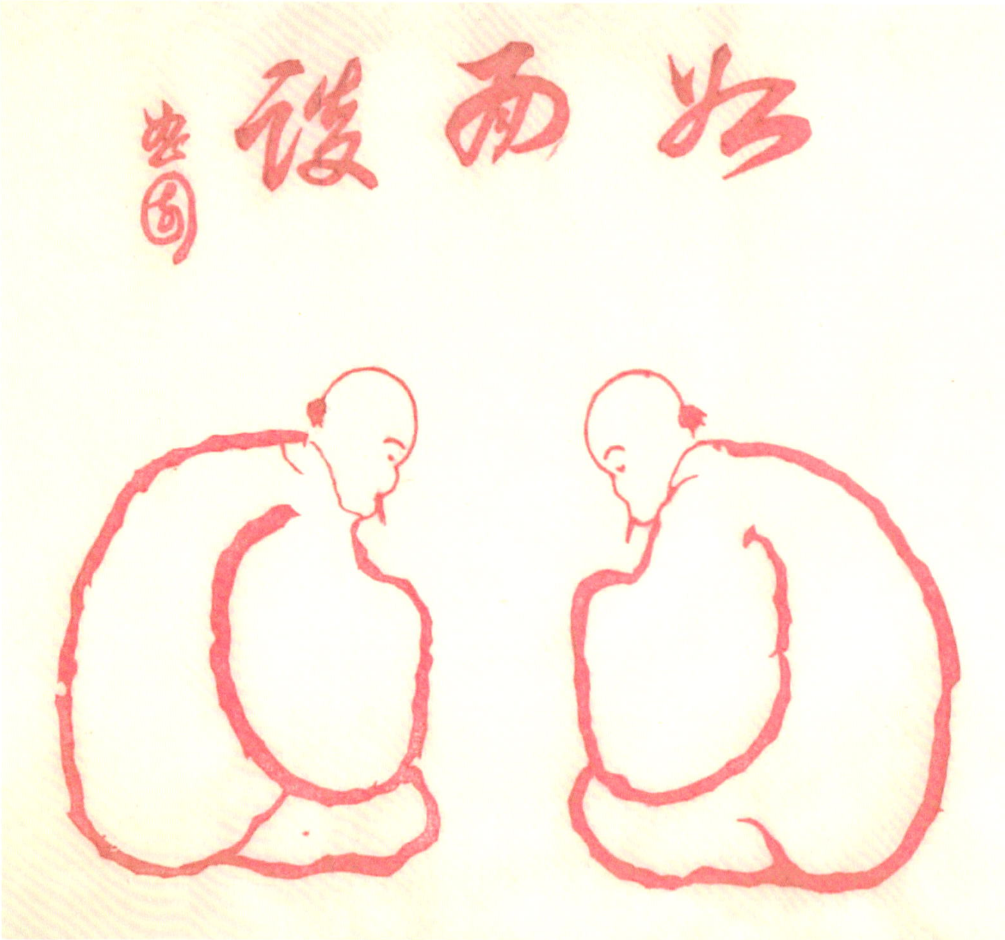

图四十一乙："如面谈"

"如面谈"是第二幅（图四十一乙）。此幅最堪玩味。笺面所绘并非真的见面时的情景，而是想象中的晤谈时的场面，关合之妙处就在题目中的那个"如"字。此幅表示要写一封信，邀请友人过来会晤，故而应当称之为"邀友"。明朝人征集名人信札，刻版印书，即有以《如面谭》命名者。又，从前人写信，常用"见字如面"的套语，与此更为接近。再者，及至友人应邀而来，相与把酒论文，那就是真的"面谈"，用不着"如"字了。有此一点曲折，便觉妙趣横生，这正是文人游戏笔墨之独有风采。

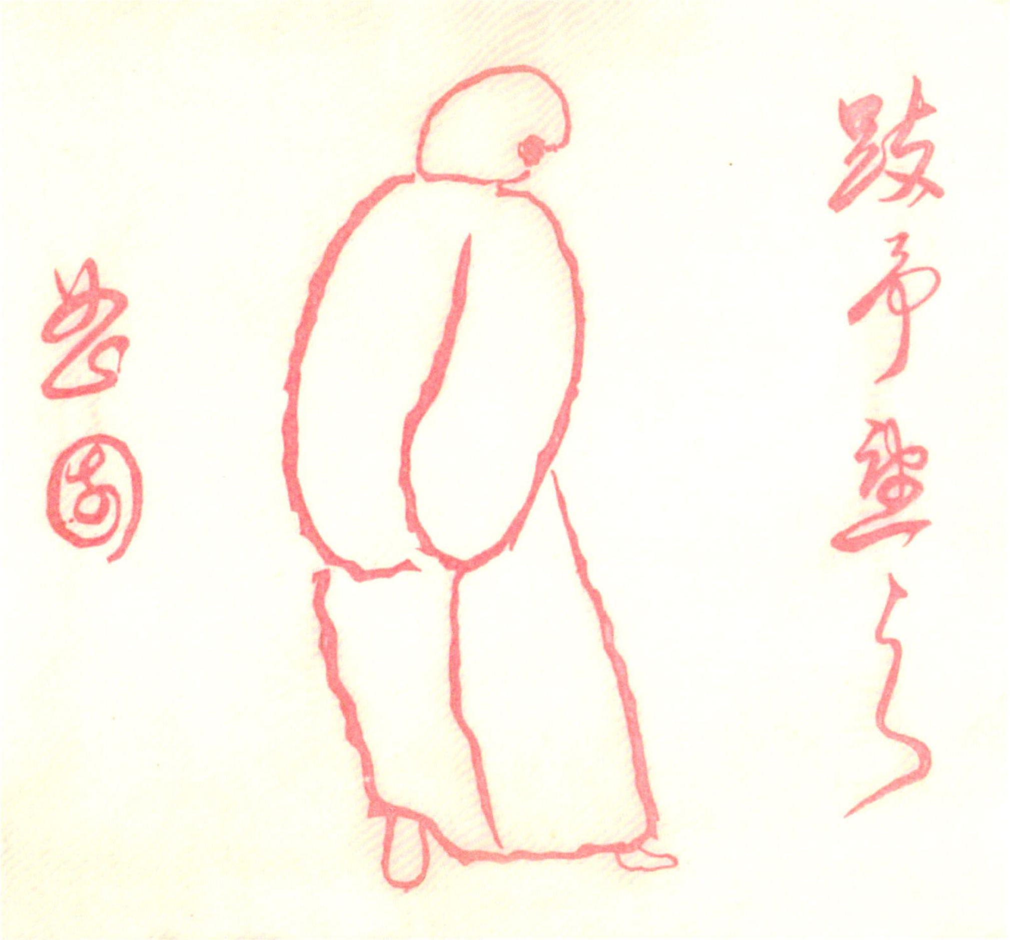
跂予望之

图四十一丙:“跂予望之”

第三幅“跂予望之”(图四十一丙),表现邀请函发出以后的企盼之情,故而应当以“盼友”为题。这举踵远望的话出自《诗经·卫风》里的《河广》篇,后世已经用作成语了。

“拜而送之”自是末幅(图四十一丁),聚会盘桓之后,要恭恭敬敬送走客人,所叙之事才告完结。《礼记·玉藻》有云:“士于大夫,不敢拜迎而拜送”,此即“拜而送之”四字之出典,故而可以称末幅为“送友”。

四幅墨戏图，一套连环画，叙述了与友人会晤的一件完整的事情。奇怪的是，有思友、邀友、盼友、送友，唯独没有“会友”，这样的安排，很有意思。试想，如果把相会的场面画出来，二人对坐，难免与第二幅雷同，于是把第二幅题上“如面谈”三字，既显示了见面相谈的情景，也表达了以书信相邀的意思，如此含蓄而巧妙的手法也正是文人笺画的一种特点。曲园老人未画“会友”，而笔者偏偏以“会友”二字为这套画笺命名，既合原意，又补阙遗，化虚为实，道破天机，读者诸君以为然否？

图四十一丁：『拜而送之』

林琴南『宋人词意笺』

清末民初之际，著名文人林琴南的山水、人物画作，由北京荣宝斋印成笺纸面市发售。鲁迅先生对此颇为关注，二十几年之后，在所著《〈北平笺谱〉序》中写道：“宣统末，林琴南先生山水笺出，似为当代文人特作画笺之始。然未详。”肯定了林先生在笺纸发展历史上的重要地位，而所云“未详”者，当是知其事而未见其物也。又过了二十多年，到上世纪五十年代末，笔者却偶然在隆福寺市场旧货摊头购得不完整的一盒花笺，恰是此物。原主曾经动用，已致不成全套，汰其重复，共存九种。按照制笺惯例，既存九种，成套的很可能是十二种，也就是说，很可能缺了三种。偶得罕见之物，自然喜悦；并非完整成套，又觉憾然。

作为享有大名的文人，林琴南自有其与众不同之处。最突出的是，他是一位奇特的小说翻译家。他擅长中国古文，却不懂外文，怎么从事翻译？他邀请精通外文者与之合作，一边看着外文原著，一边用汉语口述小说内容，如同现今的“同声传译”一般；林先生则援笔铺纸，应声落墨，当即用流畅生动的文言文记录下来，而且停笔即是定稿，无须修润，即刻付梓。就这样，林琴南翻译过来很多世界文学名著，如法国的《茶花女》、英国的《大卫·科波菲尔》（林译名曰《块肉余生述》）等都在其内，数量多达一百七十多部。在近代文学史上，被特别称为“林译小说”，以彰显其独特性。林琴南的这一突出成就，为中外文化交流作出了很大贡献。再有，林先生又擅长书法、绘画，虽然只不过是他的余事末技，但其水平之高，是绝不在一流专业书画

图四十二甲：林琴南“宋人词意”笺

家之下的，这一点，从他所作的这些画笺及其所题款识中，是完全可以看得出来的。

笺长二十三点五厘米，宽十四厘米，白宣纸单色（浅赭）木版水印。纵贯上下，轧痕六道，界为“八行”，便于书写。从笔者现有的九幅画笺看来，其中好几幅的题识中，都分别写有“庚戌十月雪中”的字样。庚戌，公元一九一〇年，是清朝政权存在的最后一年，次年辛亥，爆发革命，清朝即被推翻。是年，林琴南五十八岁，居北京，致力于书画创作，其技艺已然成熟而且达到了很高的水平。是年旧历十月的某一天，北京下了雪，可能是头场大雪，雪景触发了林先生的兴致，于是挥笔作画，一天之内连续画成了十几幅人物、山水小品画，随后就被荣宝斋制成了笺纸。画笺的题识，有写自己的旧作诗歌的，也有节录古书文句的，但多数都以宋人作品的“词意”为题材，以“词句”署题识，所以也就把它称作“宋人词意”笺了。

接叶巢莺平波卷絮
断桥斜日归船
畏庐写

图四十二乙：林琴南『宋人词意』笺

图四十二乙，可名为“西湖游春图”，所题词句是南宋末年词人张炎的名作《高阳台》的开篇三句——“接叶巢莺，平波卷絮，断桥斜日归船”。说的是树叶已然长得茂密，鸟儿可以筑巢藏身了；水面波浪不惊，微风吹拂的水纹像一层白絮在翻卷；船行到断桥附近，已是日暮黄昏，可以归去了。再看画面，湖边花木、水面清波、半座断桥，还有远处的山峦树林，都纳入其中了，游春的主人公乘坐画船，凭窗远眺，兴致悠然，行近断桥时，已是归路了。画面与词句配合得相当紧密，内容完全一致。

但是，张炎的名篇词作却不会这么简单，全篇的重点不在开头几句，而在由“断桥斜日”引发出来的那一串伤感文字：

能几番游，看花又是明年……更凄然，万绿西泠，一抹荒烟……无心再续笙歌梦，掩重门，浅醉闲眠。莫开帘，怕见花飞，怕听啼鹃。

原来这首《高阳台》是南宋灭亡之后，张炎浪迹江南、怀念故国的作品。词，一般是上片写景，下片抒情，景色容易勾画，情感难以绘描。林琴南先生当然知道这些，他只画词篇开头所写的西湖游春的外观景象，显然是把词篇以下所写的词人内心世界，留给读者自己去感知了。

绿波碧草长堤色，东风不管春狼藉。鱼沫细痕圆，燕泥花唾干。

无情牵怨抑，画阁红楼侧。斜日起凭栏，垂杨舞暮寒。

这是南宋吴文英的一首《菩萨蛮》词，描写的是暮春时节的景象，抒发的是词人略带伤感的一点“闲愁”——一种无原无由难以名状的淡淡的哀愁。闲愁，在宋词里是经常可以见到的。

图四十二丙画面上的近景是两棵巨大的垂杨柳，老干疏枝飘洒低垂，树下临水是一座亭榭，一人凭栏远眺，但见对岸的芦苇和远处的山峦，景象开阔高远。核心当然是那个人物，他凭栏远眺，所思何事？词句中的“斜日”、“暮寒”给出了一点消息，虽是百花狼藉的暮春时节，到了黄昏时候，还是会感到一丝寒意的，而这寒意不正是和闲愁相连相通的吗？

斜日起憑闌垂楊
舞暮鶯
畏廬居士寫
庚戌十月

图四十二丙：林琴南『宋人词意』笺

星散白鷗三四點數筆
橫塘秋意 畏廬用玉田詞意

图四十二丁：林琴南『宋人词意』笺

“星散白鸥三四点，数笔横塘秋意”，图四十二丁这幅笺画，果然是寥寥数笔就画出了一片江南秋意。这两句词，出自张炎的《湘月》（行行且止），词有序言，可知张炎与友人“曳舟溪上”，看到周边景物，有所感发，乃作此词。序中且有“天空水寒，古意萧飒”之语，流露的当是词人伤感悲凉的情绪。而在林琴南的画里却很难感受到这种情绪。画面上的人物形象相当突出，策杖水边，望着天上的飞鸟和对岸的芦苇，信步留连，从容自

图四十二戊：林琴南“宋人词意”笺

若,给人以轻松悠闲的感觉,这与“古意萧飒”显然有不小的距离。词意,尤其是词人所抒发的内心感情,往往是画不出来的。“词意画”,难乎哉!

最后作一附注:横塘,是江南常见的地名,后来演变成了一个通名、共名,泛指河边、水边。这个词语在唐诗宋词里是经常出现的。

“竹槛灯窗,识秋娘庭院”二句,是北宋周邦彦《拜星月慢》(秋思)词中的句子,题款

图四十二己:林琴南“宋人词意”笺

竹檻燈牕識秋娘庭院
畏廬用夢窗詞意寫此

图四十二庚：林琴南『宋人词意』笺

时，林先生一时笔误，该写“清真”二字的，却写成了“梦窗”，这算小疵，无伤大雅。

古人爱竹，道是“不可一日无此君”，亦以竹之“虚心劲节”喻人，赏其品格、才情。图四十二庚这幅笺画从“竹槛灯窗”着手，画了屋舍竹篱，特别是房子左右的两丛修竹，其青翠茂密更是足以构成了幽雅闲静的环境氛围，这就是“秋娘”的庭院。秋娘，古代女子，确有其人，而且不止一位，后来逐渐演变，到了中唐以后就变成一个“共名”了，指代那些品貌才情俱佳，却又脱不掉世间风尘沾染的女子，而这样的女子也就逐渐成为才子词人们心目中的偶像式人物了。题目词句中点出了秋娘的名字，而画上却没有人物，这当是画家有意给读者留下更为广阔的想象空间的一种艺术手法。

吴昌硕花卉小画笺

公元一九一六年，岁次丙辰，六月，时年七十二岁的吴昌硕以其纯熟的大写意技法，画了小幅册页十二开，幅面各长二十三厘米，宽十三厘米。册页一般都在一尺以上，如此小幅，不多见，故而“小”就成了这套册页的特点。

缶翁画大写意，笔酣墨饱，气势纵横，纸幅大些，方便挥洒。此番画七寸小幅而不见局促，足征其功力之老到与技法之精熟，已然不拘于画幅的大小了。古人论书法，有大字须紧凑、小字须宽博的说法，不论擘窠大字、蝇头小楷，都须操纵自如，不违法度，讲的也是这个道理。缶庐弟子王个簃在册页所附的题跋里，拈出了“小中见大”四字，虽未离题，但并没有把技艺精熟超越大小的这番道理说到点儿上。画幅有大小，观赏分远近，此中道理，自非一言可以说尽。

册页画出不久，上海涵芬楼选择了其中八幅，按照原来尺寸，木版水印，制成了一套小画笺，投入市场销售。涵芬楼是商务印书馆的藏书楼，两个名号，实为一家，商务影印善本，制作笺纸，多用涵芬楼的字号。这八幅一套的花卉小笺印得相当精美，再现了原作的风神气韵。

这本小册页的原件，现归杭州西泠印社收藏，二〇〇五年，该社编印了一本藏品选集，取名《金石之韵》，其中恰好收录了这本册页，照原尺寸、原色彩印了出来。现在

图四十三甲：涵芬楼制笺所裁汰画页

我们把它引用过来，缩小尺寸，一来供大家欣赏原本画册，二来也建议有兴趣的读者不妨借此玩个“游戏”，试试自己赏画、选画的眼光。从这十二幅里选出八幅制作笺纸，涵芬楼的编辑裁汰了杏花、藤萝、牵牛、山茶，您认为恰当吗？可不可以调整一下？这里面有一个什么样的画适宜用作画笺，什么样的不太适宜的问题。一般说来，位置经营得比较饱满，中宫或实或虚、对角有呼有应，写上字迹也容易匀称得体的画幅，才是适宜“入笺”的。如果承认这个一般性的标准，那么，举个例子说，杏花一幅似乎不该舍弃，而无叶兰花则似乎不该入选。因为前者完全符合笺画的要求，而后者却用画树木枝条的方法去画花茎，两枝纠缠，无啥好看。当然，留八去四，还可以有多种不同的取舍，您如果有兴趣就自己判断一番吧。

下面举出四幅，照画笺的尺寸、颜色，逐一略作评说，供读者参考。

图四十三乙：涵芬楼制笺所裁汰画页

“桂子月中落，天香云外飘。”(唐人宋之问的诗句)八月桂花开时，清香幽远，沁人心脾，称为“天香”。画中桂花，可惜无香，却能勾起人们这种美好的联想。册页中的这一幅，当是最为招人喜爱的。(图四十三丙)

缶翁几笔勾勒，画出了桂树枝条的不同长势，上下左右都有穿插，交错有致，繁而不乱。枝条的弯度也各有不同，变化虽然细微，却能于柔韧中显示生机，画出来的是鲜活的枝叶与花簇。此幅画笺的色调非常淡雅，浅灰的枝条，淡青的叶子，把黄花衬托得格外靓丽；浅绛色署款、朱红色印章，又使画面上的色彩丰富起来。写意笔法流畅自然，匠心独运不着痕迹，确实称得起是一幅佳作，而不必以大小论了。

前几年，某家报刊登了一篇介绍花笺的文章，曾选用此幅作为题图，可见共赏者并不乏人。

图四十三丙:吴昌硕桂花画页与相应画笺

古人描写栀子花,爱用一个“肥”字,韩昌黎有“芭蕉叶大栀子肥”的诗句,顾太清有“花肥叶大两三枝”的词句,“肥”字有点独特,颇能引人注意。吴昌硕画栀子,也抓住了“肥”的特点,突出了它的饱满与粗壮。枝条叶脉用的是“大篆”笔法,富于力感,且有“金石气”——这正是缶翁花卉的一大特色,在此小幅中照样得到了体现。白色的花朵足够肥大,点以红蕊更是醒目。为了表现“花肥叶大”,一枝两朵就占了幅面的一半,足够突出的了。(图四十三丁)

为了经营位置的需要,在幅面的左上部写了一段题识,其文曰:“蜀主孟昶院中有红栀子花,今无此异种,如画之鲜,不为怪。”孟昶是五代十国时期的第二任后蜀国主,据蜀地,都成都,苟安一时,是一位豪华奢侈追求享乐玩闹的亡国之君。孟昶的妃子费氏花蕊夫人,是一位才女,曾效王建作宫词百首,后蜀亡,有诗云:“君王城上竖降旗,妾

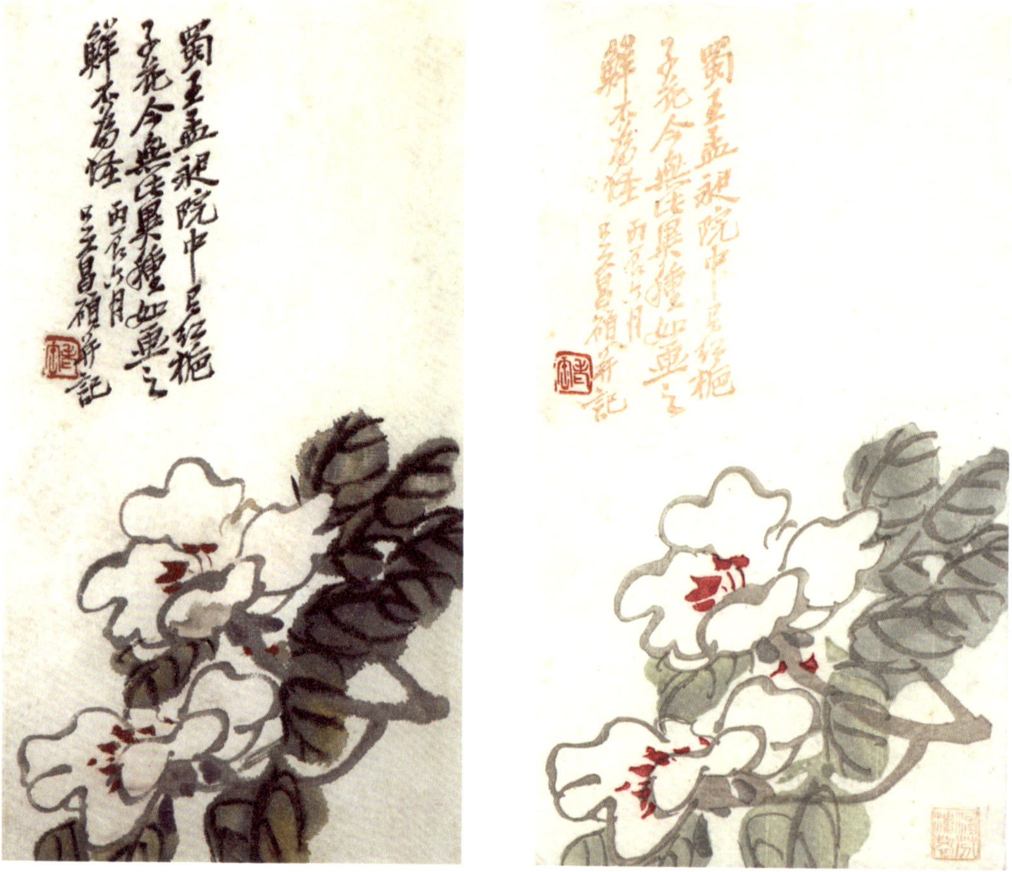

图四十三丁:吴昌硕栀子花画页与相应画笺

在深宫那得知,十四万人齐解甲,宁无一个是男儿。”竟然以此赢得了名声。此幅画笺的题识中标出孟昶,使人联想花蕊夫人,于是便增添了一点历史兴亡的感叹,画面的内涵也就更丰富了一些。但是,题识中说的是孟昶宫苑中的异种的红栀子,画出来的却是白栀子,这个差异是怎么回事,笔者尚未能作出解释。

除绘画外,吴昌硕于书法、篆刻亦是开宗立派之大师,此幅之款识字迹是他独具特色的小行书,所钤“老缶”一印,也足以代表他的篆刻风格,“三绝”、“四绝”之誉,竟然于此小幅画笺中见之!又,“涵芬楼制”的印记,安排的位置极巧,在右下底角,恰好填补了枝叶留出的那一小块空白。

秋山红叶,是一道绚丽的风景。“停车坐爱枫林晚,霜叶红于二月花”,杜牧的诗句脍炙人口,作出了秋叶之“红”胜过春花的评判,同时,似乎也带来了一点儿误会,认为红

图四十三戊：吴昌硕枫叶画页与相应画笺

叶就是枫叶。其实，经霜变红的，不只是枫叶，槭、柿、栌等树木的叶子，到了秋天也会变红。缶翁这幅红叶，画的就不是枫树，这一点，首先应该分辨清楚。（图四十三戊）

这幅红叶，画得相当漂亮，其特点，仍然在于笔力的劲健与构图的巧妙，前者不待多言，一看枝条叶脉自可明了，后者则须略说几句。经营位置，它的核心与关键，全在一个“力”字，要用“物理”的眼光，找到画面的平衡，才能取得沉着稳重、匀称谐调的效果。此幅描绘重在右侧，枝叶非但下垂，而且还要向左回绕，从“力”的角度看，这一侧的分量就沉重了。怎么压住它呢，缶翁处理左侧粗枝，显示了他的独特与巧妙。无须特意地加粗，反而大胆地向上提起，似乎悬空，把位置让与了画面底部向左折过来的叶子。这样安排，好比是走了一步险棋，怎么取胜的收场呢？全在结结实实的“苦铁”二字寡款和朱色方形的“龙”字印章，这么一“压”，全幅都稳定了——这就叫艺术大师的匠心独运。

赤城霞
昌碩

图四十三己：吴昌硕梅花画笺

图四十三己题作“赤城霞”，画的是红梅。如果径题“红梅”二字，那就成了“看图识字”，是会贻笑大方的。“赤”字表示“红”，意思不变，由之而联想到了赤城山，古书记载该山“土色皆赤，状似云霞”，恰好借用这个故实题作“赤城霞”，既含蓄又切题而且富有意味。

图四十三庚：吴昌硕梅花画

赤城霞
昌碩

梅花开时叶未生，入画的都是所谓“干枝梅”。此幅所画是一大一小两根主枝，大的偏上，向右倾斜，小的偏下，居大枝之右，而其下方的小枝却向左伸去，其间的交错颇具巧思。缶翁所画梅枝，苍劲槎枒，须得用“老辣”二字方能略表其风神，其间的金石气韵自是充溢于笔端的。画幅的中间部位，枝密花繁，显示了“中宫”的饱满，右上角略疏，细枝向右伸展穿插，生动自然。款识放在左上方，制笺印记在右下角，使得全幅构图稳定妥帖。

齐白石淡彩大笺十二幅

幅长二十九点五厘米，宽十九点五厘米。有“辛未秋作于旧京”、“七十又一老人”款，可知画于一九三一年。北平清秘阁印制。（清秘阁是南纸店的名称，“清”是“高雅”的意思，“秘”是“珍贵”的意思，并非某部著作中所写的什么“清朝的秘阁”。插此一句，博君一笑。）此笺全套共十二帧，有花鸟、草虫、蔬果，题材较杂，当系白石应清秘阁之邀而作，别家无翻版，故所见较罕。十二幅中有不尽如人意者，如“红蓼水鸭”鸭子过大，“枝头双雀” 麻雀太板，（图四十四丙）汰去四幅，留得八幅，呈与读者，随手编排，不论次第。

雁来红。又名“老来少”、“老少年”，故题曰“老当益壮”，此四字既是成语也有出典，即唐人王勃《滕王阁序》所谓“老当益壮，宁移白首之心；穷且弥坚，不坠青云之志”是也。红叶纷披，错落参差，体现位置经营；用稍深之红色勾筋点花，显出前后层次：其间皆有画家之艺术匠心在焉。（图四十四甲）

牵牛花。（图四十四乙）白石画牵牛，花与蕾往往直立并排，有失真实，此幅没有那种弊病，花、叶、蕾之安排，错落有致。题“牵牛休笑人”，当出自唐人李商隐《马嵬》诗之巧对：“此日六军同驻马，当时七夕笑牵牛。”人笑牵牛，抑或牵牛笑人？此中之变换，自缘人事之无常，耐人思索。朱文“老

图四十四甲：齐白石淡彩大笺·雁来红

图四十四乙：齐白石淡彩大笺·牵牛花

图四十四丙:齐白石淡彩大笺·“枝头双雀”与“红蓼水鸭”

木”印,不多见。

枝蔓下垂,带着四朵红花,当是“垂丝海棠”。末一朵花向左伸展,与两片绿叶的向右下垂,成对应之势,从而为右下角的两只蟋蟀拓出了活动的空间,经营位置非常恰当。齐白石擅画草虫,其工笔之作细致得惊人,此幅的两只蟋蟀以简笔出之,却又是准确得惊人,每笔都恰到好处,虫儿就“活”了。(图四十四丁)

黄色的葫芦上落着一只蚂蚱。此幅构图很别致,把一根长长的蔓子画成圆圈,蚂蚱被圈在其中,新颖而有趣。题作“年年依样秋声”,把依样画葫芦、年年听秋声两层意思合为一句,字面上是说人生没有什么变化,年年依旧,其实呢,生活是不断变化的,有有常的,也有无常的,各自都有所不同。举一个有常的例子,人们都不免在不知不觉之中忽然发现自己的两鬓已染秋霜了。(图四十四戊)

图四十四丁：齐白石淡彩大笺·垂丝海棠

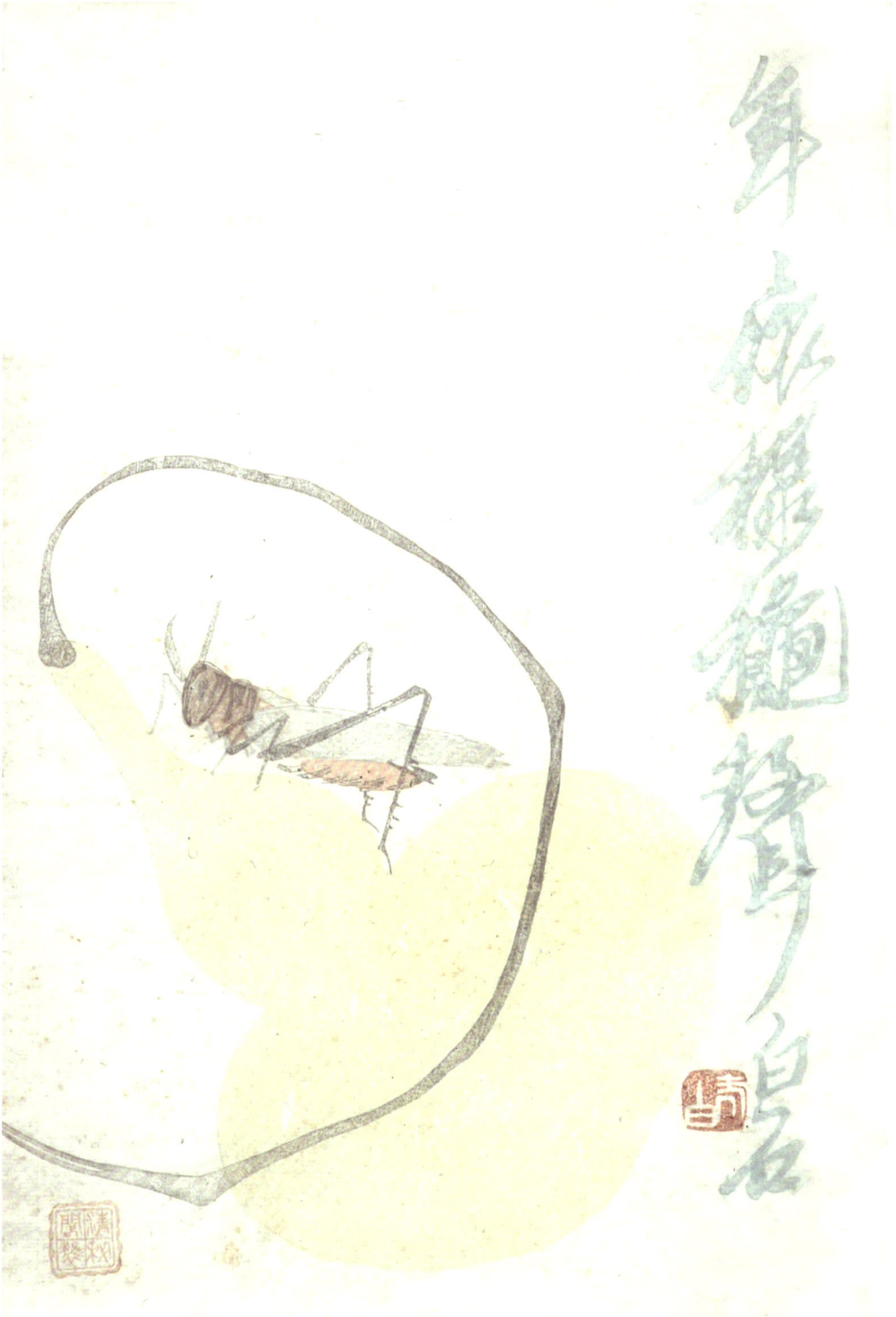

图四十四戊：齐白石淡彩大笺·葫芦蚂蚱

石榴此幅石榴，果实硕大，有点夸张过甚。但也不必担心，它不会掉下来，因为下面画了一根伸出的树枝，在兜着它呢。大石榴熟透了，迸裂开来，露出籽儿，这也是夸张的画法，而且是出于想象，并不符合实际。树上的石榴长熟了，长老了，不会自己掉下来，更不会迸裂开。大概是从明朝的徐文长开始，画幅上出现了迸裂露籽的石榴，那是他借以比喻怀才不遇，如明珠之被弃草莽而使用的象征手法。露籽石榴又恰好契合了老辈人们用石榴象征“多子多福”的祈愿，故而后世画家笔下的石榴就往往出现裂口露籽的了。（图四十四庚）

葡萄。时贤画此，往往求其累累大串且圆润光鲜，殊不知已入“工艺”之流亚，何如白石山翁之挹其神韵而略其形貌，果实，亦不过点染数颗而已。

蚕桑入画，不易安排。白石此幅，数虫围噬一叶，屈伸蠕动，各具姿态，颇见巧思，而右上左下又有一虫逐食而来，急切之状活现，尤为生动有致。上方添画一桑葚，似可不必，恐招蛇足之讥也。（图四十四己）

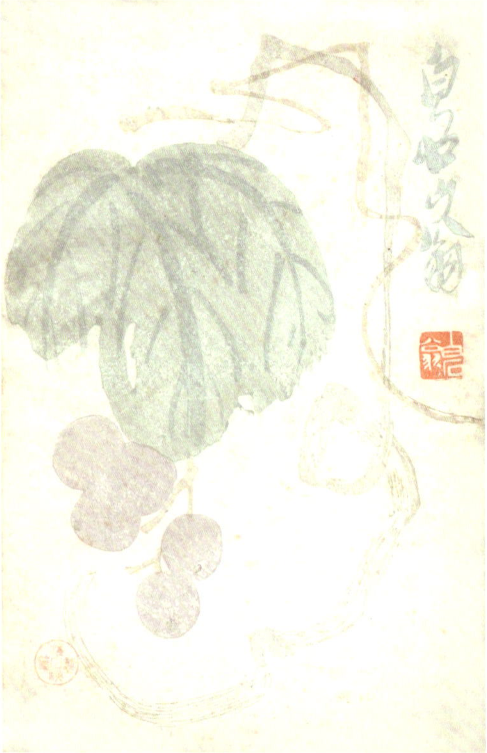
白石老人

图四十四己：齐白石淡彩大笺·葡萄、蚕桑

图四十四庚：齐白石淡彩大笺·石榴

图四十四辛：齐白石淡彩大笺·菇与笋

图四十四壬：齐白石淡彩大笺·花草

菇与笋，皆蔬中佳味，取其清淡，取其本色。白石此幅，大小穿插、上下安排，妥帖而自然。用笔虽简，而线条弧度之把握，极其准确，菇柄表现生机，笋壳层层包裹，画得都很精彩。题字点出“风味”，可以引发开去，非只盘中风味，也会联想到做人的品格。（图四十四辛）

王振声蕉窗听雨笺

小时候听老师念过两句词，道是:“窗外芭蕉窗里人,分明叶上心头滴。”当时似懂非懂,只觉得词句很美,就记住了。几十年后,买到一盒荣宝斋印制的小画笺,朱笔界栏,左侧覆以绿色蕉叶,下题“听雨”二字。初看以为只是“小八行”,仔细端详,忽然看出那朱色界栏乃是一扇窗户，豁然发现,这不正是我不曾忘却的那两句词嘛！窗户和芭蕉都画出来了，红绿映衬，对照鲜明;所题二字,点出了“窗里人”,也点出了雨打芭蕉的声音——这声音，是一种天然的音乐,疾如风樯阵马,缓若情泪暗滴,最容易引人联想,触动情思。叶上、心头,别是一般滋味,把雨点和泪滴混合交融,从而达到了抒情的极致。一幅笺画两句词,终于给我们描绘出了一种境界,有情有景,有声有色,沁人心脾,感人肺腑。“窗外芭蕉窗里人,分明叶上心头滴”这两句词是谁作的?词牌是什么？读书时一直留意，却没有找到。若干年后,终于设法查到了出处。原来是南宋人王明清在《玉照新志》里著录下的一首不知作者为谁的《眉峰碧》词,后被收入《全宋词》,归在“无名氏”一类。原词是:

蹙破眉峰碧,纤手还重执。镇日相看未足时,忍便使,鸳鸯只。
薄暮投村驿,风雨愁通夕。窗外芭蕉窗里人,分明叶上心头滴。

聽雨
少農作

图四十五：王振声蕉窗听雨笺

写的是一位难割难舍又不得不离家出行的士人，投宿村驿，遇雨不眠，愁听芭蕉之声，怀人思乡，不觉泪下。词中叙事平庸浮露，算不得好，而结末二句突现异彩，真乃难得一见的佳句，脱离全篇而单独流传，也就不足为奇了。

此笺纵二十三厘米，横十二点五厘米，属小幅画笺。荣宝斋彩色木版水印，制作年代当在民国之初。单独一幅，无须配套。笺面左侧偏上，绘芭蕉大叶，由深浅不同的三种绿色饾版套印。芭蕉掩映之下，是赭赤色的六行界栏（习惯上也以“八行”称之，因为左右纸边亦可写字，加在一起就够数了），界栏以行楷笔法率意勾画，不失整齐而且显得自然，上下各加一道横栏，终于表明了它是一扇窗棂。界栏与窗棂，浑然融为一体，加上蕉叶的掩映，窗棂更为隐蔽，此笺的妙处，全在这种巧妙的构思。

王振声是清末民初时期的一位画家，擅作笺画，流传颇多。他字“劭农”，与“振声”之名相表里——振木铎之声以劝农也。又借同音相假之便，亦署“少农”，此笺即落“少农”款。

雨打芭蕉，是我国传统的诗词与绘画中的一个题材元素，与“疏雨滴梧桐”、“残荷听雨声”同属一类，大叶植物易着雨滴之故也。此笺画芭蕉，题“听雨”是明处着笔，“窗里人”呢？则又隐身不现——不出现，并非不存在，题中有“听”字，主人公已经出现在读者各自的想象之中了。此笺有人，有事，有意境，有韵味，它之所以耐人玩赏，原因即在此。

听雨，自有一种情趣，也是一种境界。雨天怀人，提笔写信，也会有一些特殊的感受，如用此笺作小札，也会把那种隐隐约约的感受传达给受信之人；联想到“分明叶上心头滴”的词句，那则又是：心头的感情分明地滴注在手头落笔的笺页（巧谐“叶”字之音）上了。

帘纹小八行薛涛画笺

“薛涛画笺”，此语费解，“薛涛”是色笺，怎么和画笺混在一起？且就此笺实物以作解说。

此笺纵二十三厘米，横十二厘米，小幅八行。北京清秘阁木版水印，研光处理。制作年份约在上个世纪二十年代。

审视原物，可推知其制作之过程。当是先用桃红色染纸，再用深桃红色（即“薛涛”色）印花，而且印得满满当当，所得效果仍然可以保持薛涛本色，一看就知是薛涛笺。

笺画的背景为一幅竹帘，横的竹篾密密麻麻，竖的编线痕迹明显，七条垂直线平列匀整，恰恰形成界栏，天然造就了“八行”的格式。一枝牡丹花贴靠在竹帘上，花瓣重叠，花蕊茂密，枝叶映衬，生机蓬勃。左下方一行秀丽的小行楷，写着“一帘花影半床书”，是标题，下缀“清秘”二字，是纸店的款识，整幅笺画玲珑剔透，和谐统一，端详起来，美感顿生，非常舒服。此笺制作非常精美，构思设计尤其巧妙。清秘制品，一向精致，不待言；从技艺高超的绘画和笔致精妙的书法来观察，绘制者必是一流高手，可惜未署名号，无从具体考核了。

薛涛笺，不仅只是一张张的色

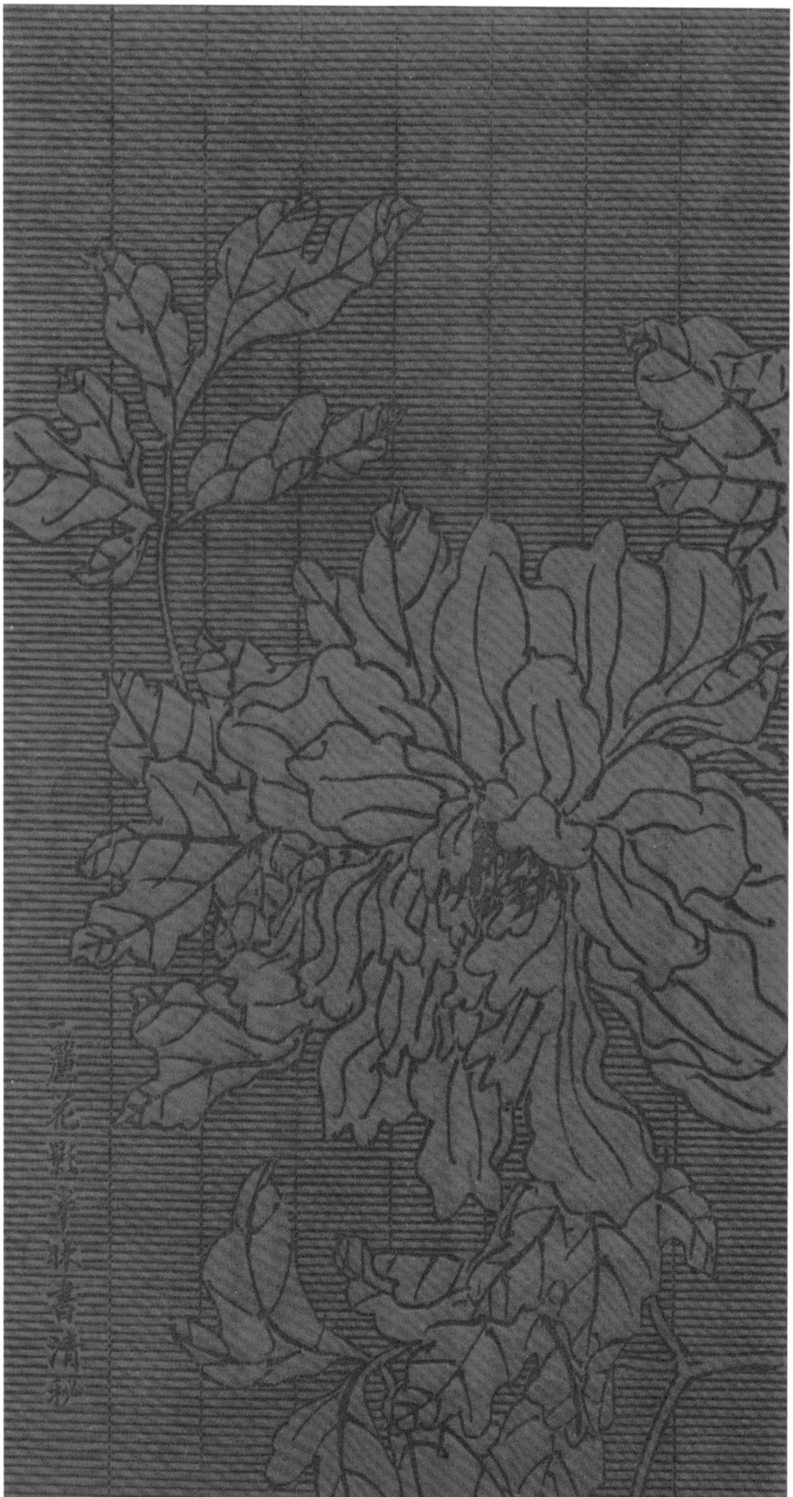

图四十六：帘纹八行薛涛画笺

纸，大概一开始它就采取了进一步加工的措施——加上便于使用的界栏。因为一开始就有“才容八行”的说法，做成八行的格式也是很自然的事。界栏或如后世之用赤色画出，而后世更多轧印，只有一条条的痕迹。后世所制小幅薛涛，又多印上一个“博古”图样，则更具有装饰美化的意味。有深入加工，有发展变化，色笺、画笺很自然地融合在一起，“薛涛画笺”的说法也就完全可以理解了。

“一帘花影半床书”是明末清初戏曲作家袁于令的句子，见于他的名著《西楼记》中的“楼会玩笺”一出。既有“玩笺”字样，用来题笺也就顺理成章了。值得玩味的是，“一帘花影”画出来了，很具体，很生动，“半床书”却不见踪影——也并非全然不见踪影，而是涌入了读者的自主想象之中。占了半张卧床的书，不会是整整齐齐地排列安放，它当如王右丞诗中所说的“床头书不卷，领上发未梳”，是杂七乱八地摊在床上的。于是，这又点出了主人公（更是无从露面的人物）的懒散——亦可称之为潇洒，有点“魏晋风度”；再进一步，还可以追溯主人公的心境、性情等等。所以，没有画出来的东西，并不等于完全没有，这虚虚实实之间，又正是笺画设计者的“狡狯”之所在。画面上的“一帘花影”和没有画出来的“半床书”组成了一个特定的境界，引人联想，引人寄情。

总而言之，这幅帘纹小八行薛涛画笺，内蕴深厚，技艺高妙，制作精美，自是近代花笺中的上品佳作。

淳菁阁制色底画笺

此笺四幅一套，染四种底色，印两种花样，尺寸、边框的一致，是其成套的标记。篇幅为横式，高二十五厘米，长三十二点五厘米，属大幅花笺。此笺制作精良，先染色后印花，两者都很考究，但仍以印花为主，故称之为“色底画笺”——印在色纸上的画笺。制作年代是上个世纪的二十年代，陈半丁画署“癸亥”，是公元一九二三年。

作画的姚茫父和陈半丁都是当时著名的一流大家，用他们的画幅印制笺纸，当是一大卖点。

姚茫父作意笔花卉，经常以古人诗文作长题，给他同样擅长的书法派上了用场。他的字，以柳体为骨架，刚劲挺拔，再与小欧的峭峻险奇相融合，从而形成了独特的风貌。画幅上以行楷字体作长题，密密麻麻一贯到底，云烟满纸，饶有韵味。此笺画秋菊一枝，长及顶端时，向左横出，花朵隐去太半亦在所不惜，为的就是给题字拓出足够的空间。写的是晚唐诗人韦庄的七言绝句《庭前菊》，字数虽不多，占的面

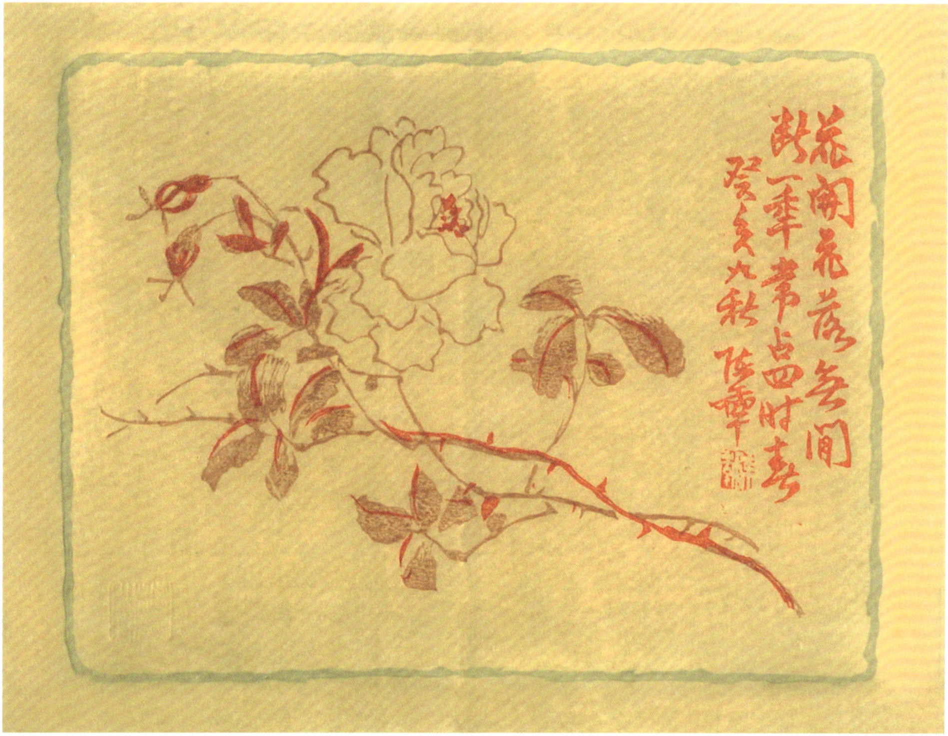
花開花落無間斷
一年常占四時春
癸亥九秋

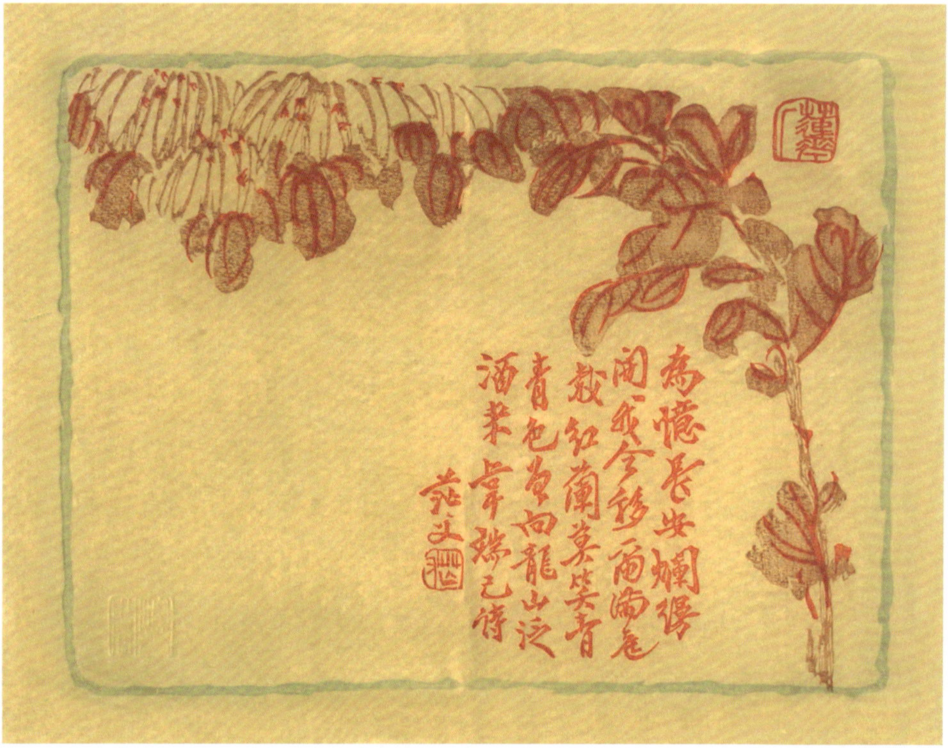
為憶長安爛熳開
我今移向海邊栽
紅蘭莫笑青青色
曾向龍山泛酒來

图四十七甲：淳菁阁黄色底画笺

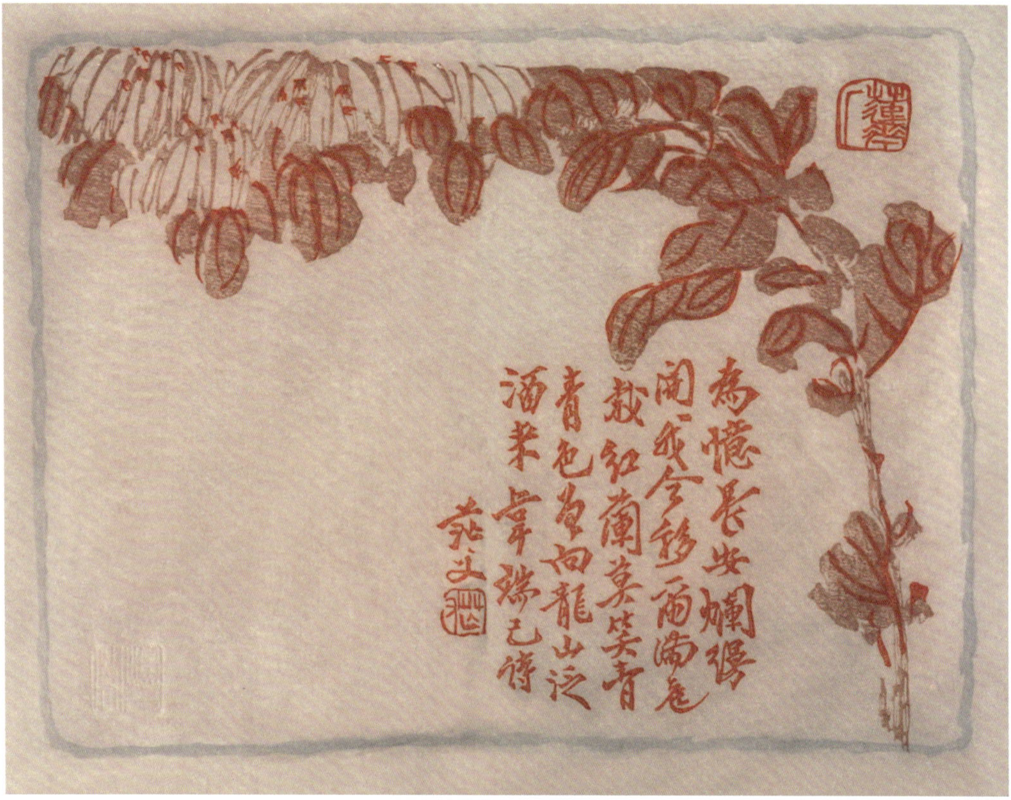

图四十七乙：淳菁阁粉色底“半丛菊花”画笺

积却不小，位居右下侧，恰与左上角的“半丛菊花”相对应，成犄角之势，体现了姚茫父书画并重的特征。

陈半丁画的是折枝月季。月季，花期长，有“长春花”、“月月红”的别名，还有“四时花不谢”之说，故而半丁题云：“花开花落无间断，一年常占四时春”。

这套画笺的一个突出的看点，是每幅左下角都有一个用拱花技法轧出的纸店款识——一方刻着“淳菁阁”三字的印章，只有凹凸纹路，没有颜色，不知道的、不留神的还真不易发现。这样标志店名，至少有两个好处：一是别致，二是隐蔽。隐蔽有什么好？要知道，当你发现了这个隐蔽，略感一点小小的惊诧之后，这隐蔽的内容就加倍地彰显出来了，你所获得的印象也会加倍地深刻，隐与显，就是这样转化的。看来，多做一道拱

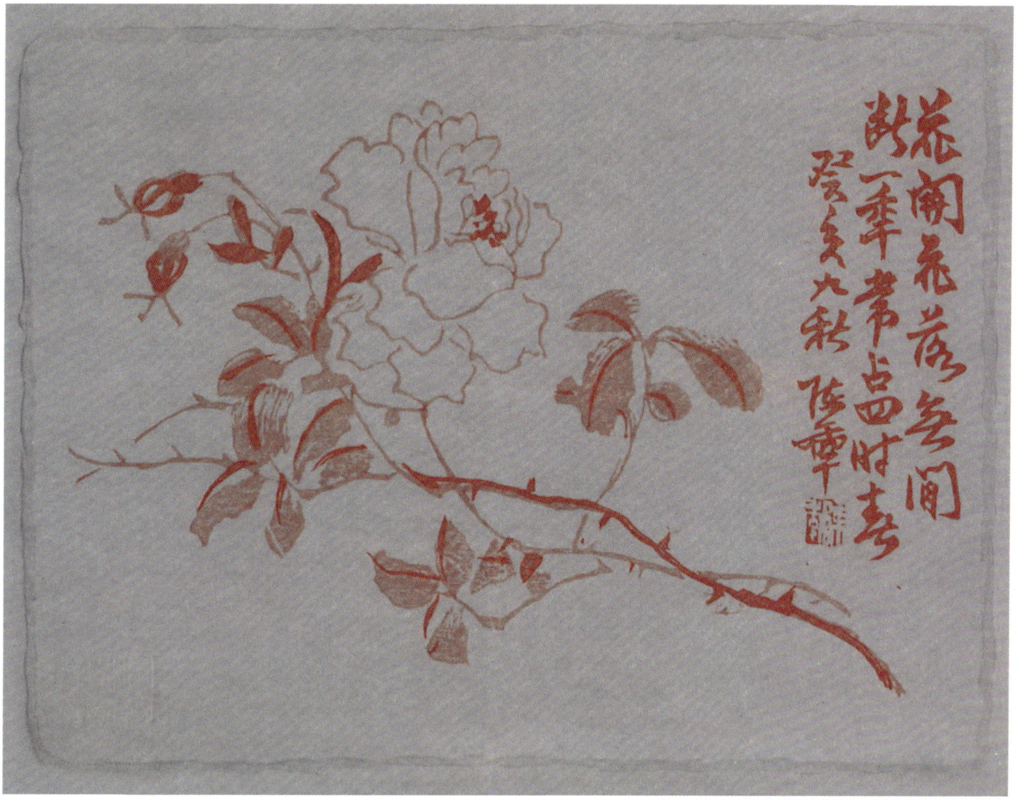

图四十七丙：淳菁阁粉色底“折枝月季”画笺

花的工序，值得。

这套画笺印花卉，只两色套版，加上边框，也不过套三次彩版，可是通体看来，它的色调还是很丰满的，这当然是“色底”起到了衬托的作用，精心染色不会白费工本。可惜的是，色底的两种黄色，区别不够明显，未免留下了些许遗憾。

彩印花卉小笺

大约在上个世纪的二三十年代，曾经流行一种色彩艳丽的、不作"淡化"处理的花卉画笺，高二十三厘米，宽十三厘米，是小笺的标准尺寸。花色多至十几种，而且不只一家纸店在制作这样的画笺，笔者搜集到的就有松古斋、松华斋和宝文堂三家的制品。松古的，又分两种：一种是小幅的，用的纸是光面的、很薄的"洋粉连"，这种纸能写钢笔字，不洇不破而且价钱便宜，故而可能销路很宽；另一种是白色宣纸的，花色相同的纸幅增大，可能是作为高一档的商品销售的。宝文堂是用比较厚实的白色宣纸印制的，雕版较工细，颜色也鲜艳，更是招人喜爱。

笔者当年是先得到一叠宝文堂的，去其重复，计有十种花色，以为是全套了，后来又得到松古斋所制的一叠，发现除与宝文重见的几种外，还有宝文所无的几种，天津文美斋刻印的《百花诗笺谱》署名是张兆祥画的，其中也有好几幅与宝文、松古重见，故而始终没有弄清楚全套的该是多少幅，也不能确定自己是否已经搜集全了。

小画笺没有款识，不知原稿是谁画的，纸店各有印记，但不知哪家是原版、哪家是翻刻。取相同的画幅仔细对校，很容易发现细微的差别。又比如，同是松古斋印的"萱草"，比较它的粉连小幅和白宣大

图四十八甲：宝文堂制彩印花卉小笺四种

图四十八乙：宝文堂制彩印花卉小笺两种

幅，也竟然有细微的不同，这又可能是因为畅销，印版使用次数过多，出现磨损，不得不另刻一副。凡此种种都说明这批小画笺是不知作者、没有版权的。回想距此二百多年以前，李笠翁曾经大声呼吁维护花笺版权的那一番努力，竟然落得为不见实效的空言了。

图四十八丙这幅萱草，是松古斋印在粉连纸上的，纸色发黄、发暗，对色彩效果有点影响，不过，杏黄色的花朵还是相当漂亮的。画花卉，这里用的是我国传统的“折枝”画法，即“折”取最好看的“枝”条作为描绘对象。这幅只画了萱草莛子上端的花序，“折”得似乎有点苦，其实这里面是有它的道理的，因为萱草莛子蹿得非常高，远离了纷披的叶丛，故而只能画一个头儿。一朵大花开得正旺，下面簇拥着五六个大小不一的蓓蕾，依次待开，它们的绿萼黄葩倒也把盛开的这一朵大花给衬托起来了，有主有从，画面也堪称匀实饱

图四十八丙：松古斋制粉连小幅“萱草”

满。

图四十八丁这幅画的是紫丁香，花色有点泛红，有欠准确；嫩叶过于黄弱，与老叶的绿色反差过大，这也是可以挑剔之处：这是调色、印刷两道工序上出现的一些失误。丁香的“圆锥花序”描绘得很准确，由若干小朵簇成一团，层次向背交代得很清楚，总体看来还不失为一幅佳作。

宝文堂的制品，印在洁白的宣纸上，颜色又调配得鲜艳，比松古斋的制品漂亮多了。（图四十八戊）

看到这一幅“虞美人”（图四十八己），不禁略感震惊。花枝婀娜多姿，飘然灵动，好像有微风在吹拂，整个画面都是活的，真是太美妙了！它的构图也颇具巧思，虞美人是草本花卉，枝蔓柔软，故而弯弯曲曲且顶部下垂；一朵盛开的紫花，如蝴蝶展翅飞舞，姿态生动、色彩靓丽；花朵弯转下来之后又向左垂去，其“势”颇险，而下方的一片大叶恰好横着向左伸出，终于把险情救了过来。叶片一大一小，左右伸展，姿态潇洒灵动。叶子边缘的锯齿形状、叶面的茸毛，也仿佛隐约可见。还是那句话，整幅画生机盎然，是活的，是

图四十八丁：松古斋制彩印花卉小笺·紫丁香

图四十八戊：宝文堂制彩印花卉小笺·紫丁香

宝文
一尺

图四十八己：宝文堂制彩印花卉小笺·虞美人

图四十八庚：宝文堂制彩印花卉小笺·秋海棠

动的。

巧画叶背，变换色彩，当是这幅“秋海棠”最突出的特点。（图四十八庚）对折枝略作仰视，那片最大的叶子就露出背面了。秋海棠的叶片，正面深绿色。背面浅绿色，反差相当明显，顾及两面，画上的色彩自然就丰富了。伸向左方的一片叶子，背面掀上来一角，恰好给叶背的浅色作出了说明和印证。偏右的一片小叶，则只画正面，深绿色。大小三片叶子，正面与背面、深色与浅色，交互穿插，错落有致，赏叶胜过赏花，正是这幅画笺的独特之处。

汤定之松竹花果笺八幅

汤定之这八幅小画，很可能原是一本“册页”。如果专为制笺而作画，梅、兰、竹、菊“四君子”，现成的一套，十套四十张，装一纸盒，恰好。册页则至少四开，嫌其单薄，一般是八开、十二开，再多也没限制，如遇适合的题材，百开巨册也未为不可，如近年所见陆俨少《杜甫诗意画一百开》（东方出版社，1992 年）即是一例。

汤定之是上个世纪二三十年代颇负盛名的画家，擅长小写意花卉，传统功力深厚而不泥于古法，其作品典雅劲健且时见飘逸清新之气。题画书法亦颇精妙，既有“二王”基础，又得米字之潇洒，与其画笔相匹配，甚为谐调一致，相得益彰。

汤定之这八幅画是丙子年（公元一九三六年）画的，当时画家年近花甲，技法已经成熟，故而每幅都很精彩，堪称代表之作，被上海涵芬楼制成画笺也很适宜。笺高二十六点五厘米，宽十六点五厘米，符合笺纸的标准尺寸。

下面择其四幅，略作评说。

图四十九甲的竹石图，全用元代大家吴镇的画法，学得很像。竹一竿，叶数片，而且是已经老了的旧叶，新叶还没有长出来。特别是左下角那一片老叶，是没有画好，补笔造成的一塌糊涂呢，还是有意为之以示其衰颓枯萎？值得推敲玩味。右侧奇石，信手涂抹，已现孤峭坚挺之势，衬托竹枝，配置得宜。

图四十九甲：汤定之竹石画笺

此画之妙，全在题识——“春风虽少不愁贫”。先说“春风虽少”。风，无形无影，只能从它吹动的花木枝叶上看到它的存在。常言有道，树大招风；反过来说，枝叶少风就小。此幅只画孤枝片叶，故曰“春风少”。“虽”字作一转折，引出“不愁贫”三字，含意就深了。是说，目前虽处困境，不久即见转机，因为竹枝充满生命的活力，梢头已经蓄势待发，满枝青翠即将展现。一句题识之中，现在连着未来，时间转变空间，其含意竟然如此深远。试想，如果此画题作“竹石图拟吴仲圭法”，那也是实实在在、平平稳稳，完全说得过去的，可是，那就表不出任何寓意而索然寡味了，尽管画还是这么一张画。

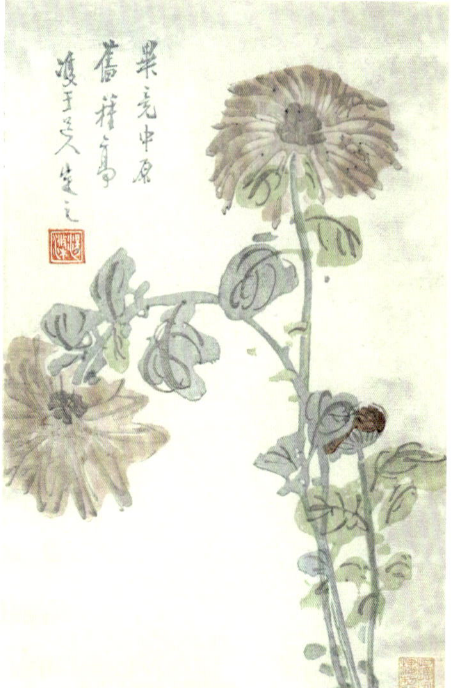

图四十九乙：汤定之画笺

水仙，水仙，水中之仙。曹子建赋洛神，以“凌波微步，罗袜生尘”之名句摹写其风神意态，传诵千古，众口留香。笔者闲来翻检旧藏，每次看到汤定之这幅水仙画笺(见图四十九丙)，不但想起曹植的《洛神赋》，还会想起白居易《长恨歌》里那一段生动的描写，道是：

忽闻海上有仙山，山在虚无缥缈间。楼阁玲珑五云起，其中绰约多仙子。……闻道汉家天子使，九华帐里梦魂惊。……云髻半偏新睡觉，花冠不整下堂来。风吹仙袂飘飘举，犹似霓裳羽衣舞。玉容寂寞泪阑干，梨花一枝春带雨。

抄这么多干吗？只一句“风吹仙袂飘飘举”不就行了吗？不行。因为故事的进程、周边的环境、人物的心情，都是不能或缺的，不然就不能衬托出“仙袂飘飘”的那一派神韵，更不能引发读者足够的联想。请看，画笺上的两个花朵略带红晕，像不像一位仙女的激动、兴奋的面颊？柔韧的花莛像不像她的身段腰肢？尤其是那一丛婀娜飘动的长叶，像不像她那翩翩舞动着的长袖？请读者诸君各自去驰骋自己的联想吧——每个人的联想都独具特色，不会完全相同。

看到图四十九丁这幅“古松”画笺，不由得想到了“老当益壮”那个成语。语出唐人王勃的骈文《滕王阁序》，名文多有名句，其中的一副对偶句子写道：“老当益壮，宁移白首之心；穷且弥坚，不坠青云之志。”鼓励人们要“见机”、“知命”，看准难得的机遇，把握自己的命运，不可灰心丧气，尽管年岁老大，照样还能做出一番事业来。励志的意义，颇能鼓舞人心。

画幅之中，树干竖在右侧，粗壮苍老、高大伟岸，如一老者挺胸傲立，睥睨四顾。松枝向左下伸展，挺然勃然，似有一股倔强之气。松针则错杂于枝干之上，用笔简劲而力道十足。署款仅两个字、一颗圆印，好像是垫在了老者的腰部，作撑拄之势，安排得恰到好处。近些年，人们常用“劲松”一词，其出典人皆知之。用一个“劲”字来赞美松树，确实准确、生动，而且传神。再看汤定之这幅画笺，不是满纸都是“劲”吗？

荷花很美，招人喜爱，引人观赏，诗文书画也多以之为题材，加以描绘，以表爱赏之意。“接天莲叶无穷碧，映日荷花别样红”，这是宋人杨万里的著名诗句，站在湖边作全景式的观赏；宋人无款院画册页中有一幅硕大鲜红的荷花，那是特写式的描绘；而一般

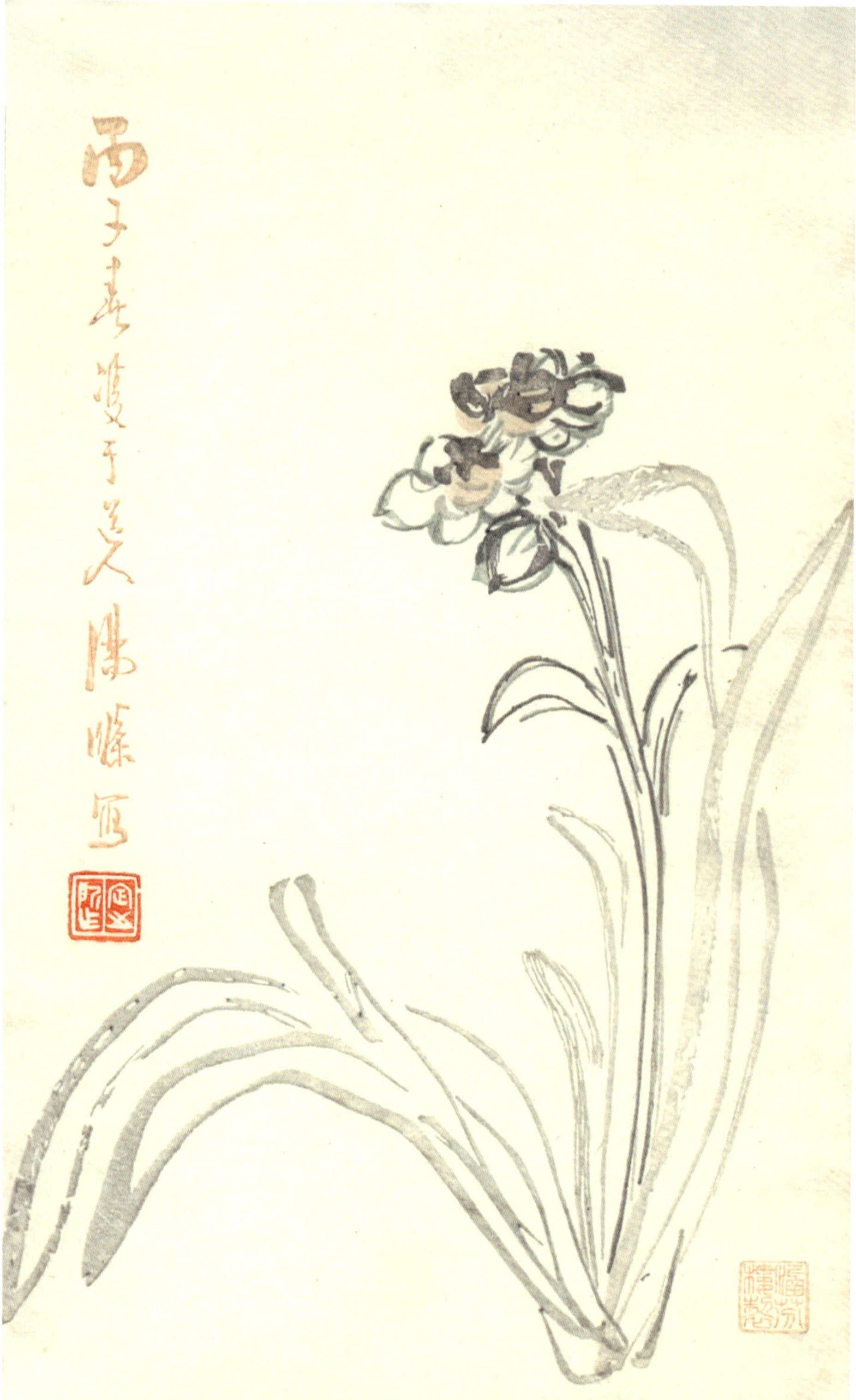
丙子春写于兰人陈曦写

图四十九丙：汤定之水仙画笺

图四十九丁：汤定之古松画笺

图四十九戊：汤定之荷花画笺

常见的，则要有花有叶，互相映衬，那就属于近景观赏了。

图四十九戊这幅荷花画笺，虽也有花有叶，但在构思、安排上却很有特点，极具艺术匠心。一大片荷叶伸张开来，几乎占了一半的幅面，一角掀起，现立体感，底部梗旁有浮萍、小叶相陪衬。这样一来，那作为主体的花朵又该怎么安排？画成盛开绽放的，占据上半幅，把那片大叶比下去？不行，那就“相犯”了，不合适。画家巧妙地在高高挺起的荷梗上端，画了一朵将开未开的菡萏，朵儿足够大，色儿足够红，从而奠定了它的至尊为王的地位。绿叶虽大，仍得俯首称臣。款识也题得好，长长一行字，站立在菡萏一侧，辅佐陪衬之下，显得整幅的局面更加稳定了。再看那红红的大朵菡萏，亭亭玉立，出泥不染，丰神秀朗，脱俗绝尘，真比盛开怒绽的大花朵好看多了。

吴待秋梅花笺八种

一九三〇年，著名画家吴待秋画了八幅梅花，提供荣宝斋，印制了一套画笺，颇受欢迎，销路很好。幅长二十六点五厘米，宽十六厘米，属于标准尺寸。荣宝斋印了两种纸本；一种白宣的，显得鲜艳；一种旧色素染宣的，显得古雅。笔者所藏，印入本书的是古雅的那一种。后来，又挑出其中的“古雪”一幅，用毛边纸印了一种单张的，降低成本，取其实用，广为发售。

吴待秋擅长画梅，老干新枝，横斜交错，安排妥帖而且变化无穷；花朵与蓓蕾，则在色彩上追求创新，红、白之外，更有黄的、绿的——这当属超越真实情况的浪漫手法。前些年，笔者曾在一位友人处看到他花两千块人民币买到的一幅吴待秋的“五色梅花”，裱成立轴，画心约有三四个平尺。画面满满当当，五彩缤纷，炫人眼目，浓淡墨色画出的枝干则是脉络分明繁而不乱，真是一张好画！当年花两千元买画，已是价值不菲，算不得“拣漏”。

吴待秋这八幅梅花，说不上每幅都足够精彩，但他却把梅花的多种观赏角度以及多种画梅技法展示了出来，有老桩、有嫩枝，有繁密的、有疏朗的，还尝试着用朱砂画了一幅“珊瑚枝”（见图五十甲）——这当是受到已然流行的“朱

珊瑚枝

图五十甲：吴待秋"珊瑚枝"朱砂画笺

图五十乙：吴待秋梅花画笺

竹"的启发。下面择取四幅，分别略作论说。

图五十丙这幅"古雪"可能是八幅中最受欢迎的一幅，用毛边纸为它印了单张么。(图五十丁)两相比较，果然纸色不同韵味略有差异。

此幅画的是细枝嫩条，故取下垂之势；花朵繁密，色白如雪，故以"古雪"为题。梅花与雪，在古人诗句中往往绞在一起，分辨不清。"遥知不是雪，为有暗香来"，是梅是雪，要用气味来判断；"不知近水花先发，疑是经冬雪未消"，是梅是雪，要走近了才看得清楚。此幅以雪题梅，是渊源有自的。既然把梅花称作"古雪"，就要营造雪的气氛，于是，画家把梅枝的背景，染了一层淡淡的墨色，这不就成了阴云笼罩，雪花飘飞的景象了吗？

图五十丙：吴待秋『古雪』画笺

图五十丁：吴待秋『古雪』画笺毛边纸单张版

图五十戊：吴待秋梅桩画笺

前幅画嫩枝，此幅画老桩（图五十戊）。题识云：

梅花老去只余桩，偏有花开朵朵香。不是画心巧点就，天然却有此文章。

诗句浅显，不外是说梅桩发枝开花是天然形成“大块文章”。画师不过是为造化写照而已。

桩是树干的底部，长出地面不很高。桩要老，就是生长的时间长——不，应该说年代久，一棵老的树桩活过了一两百年不为怪。桩越老，经历的年代越久，遭受的磨难越

图五十己：吴待秋梅花画笺

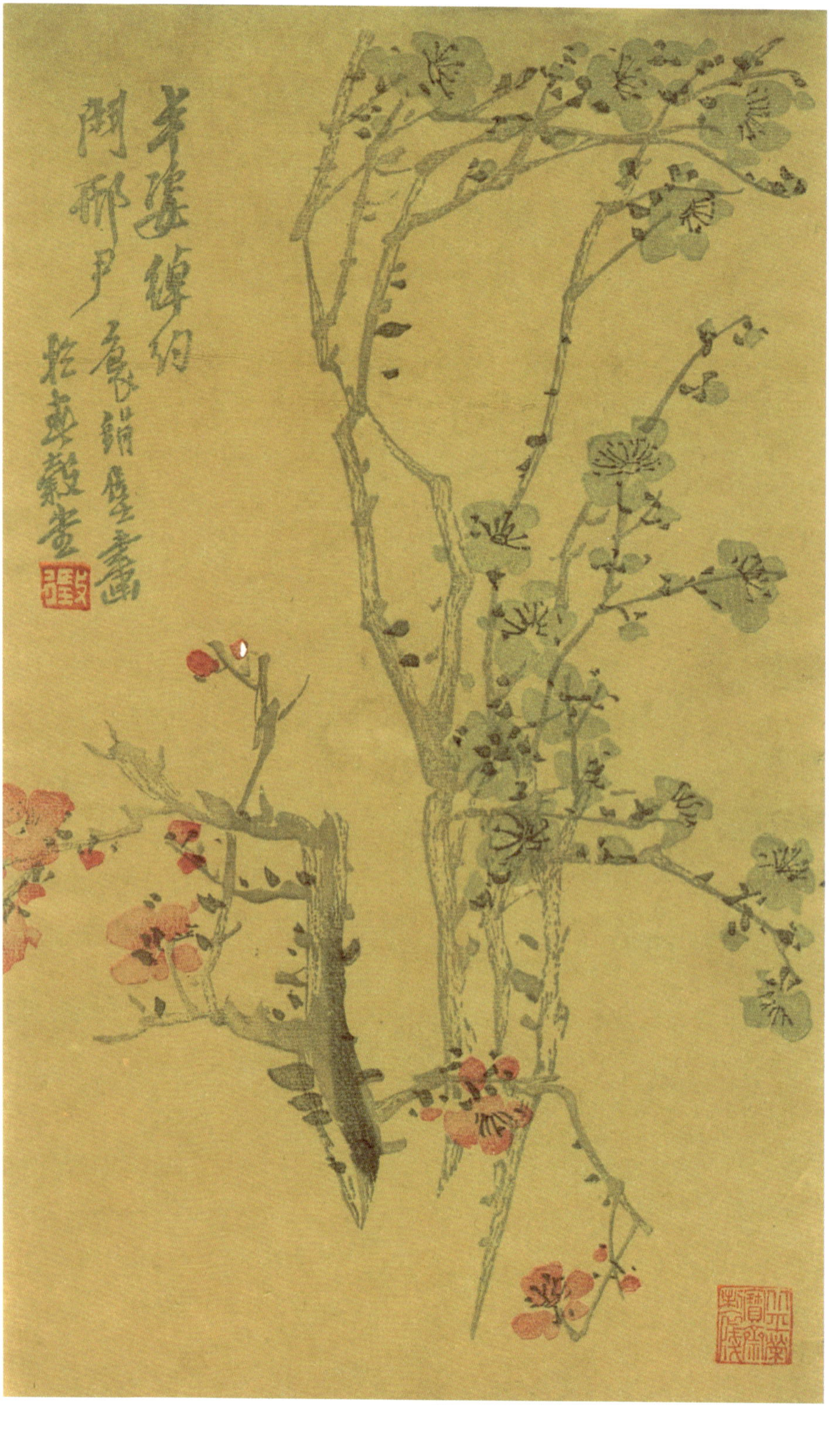

图五十庚：吴待秋红绿梅花画笺

多，斧劈、脚踹、雷击、虫咬，不胜枚举；磨难留下的痕迹，苍老、扭曲、瘿瘤、洞穴，千疮百孔。老了，也就丑了。可是，画到画上，养到盆景里，树桩的丑却变得美了。丑到了极处也就美到了极处，物极必反的道理是不难印证的。

吴待秋这幅梅桩，用渴笔皴擦，够得上粗短丑怪了。画梅桩，同时要画它憋出来的新枝儿，显示的是生机，是坚韧顽强的生命力，此幅左侧的新枝与小蕾，正是包含了这一层意思的。

图五十庚这一幅画的是红绿梅花，在着色上尤其显示了吴待秋的特点，而其构图命意更堪玩味。一丛绿梅向右倾斜，另一丛红梅向左伸展，不是两情相向地拥抱交错，而是以背对背，含恨负气，相争相斗。绿梅高大健壮，红梅也不软弱，虽然它的枝干不高，但其下部已向外扩展，使得实力有所增加。双方旗鼓相当，正是对手。这跟画一枝桃花，再画一枝李花，题上“争春”二字，是同样的路数。

题识所云“丰姿绰约斗邢尹”，应该说的是红绿二梅相背而斗，似是“邢”与“尹”要在“丰姿绰约”上分出个高低胜负。“邢尹”之典，出自《史记·外戚世家》褚少孙所作补记，略云：汉武帝同时宠幸邢夫人与尹夫人，恐二美人相妒相斗，下诏不许相见。一日，尹夫人自请于帝，愿望见邢夫人，帝许之。乃令人饰为邢，盛妆艳服，从者数十。尹夫人前见之，曰：此非邢夫人身也。帝问何以言之，对曰：视其身貌形状，不足以当人主也。帝又诏使邢夫人故衣独身前来。尹夫人望之曰：此真是也。于是俯首而泣，自痛其不如也。这个二美嫉斗的故事是比较特别的，并不像褚少孙说的“美女者恶女之仇”，而是被尹夫人作了很好的处置，她慧眼识人，平心论事，谦退自守，处置得宜，虽然情不自禁而涕泣，内心更不免悲凉与无奈，但终于避免直接相斗而成就了一段“佳话”。总的说来，邢尹二夫人的相妒相斗是比较特殊的，但仍然是二美争宠的一种表现。

图五十辛此幅构图奇特，画了一根横出的“断枝”，题曰“铁如意击珊瑚”，好像红梅的枝干是被打碎了的。

铁如意击珊瑚，出于晋朝石崇与王恺争豪斗富的故事，具载于《晋书·石崇传》，略云：王恺得武帝所赐珊瑚树，高三尺许，世所罕比，以示崇，崇以铁如意击之，应手而碎。恺声色方厉。崇曰：“不足多恨，今还卿。”乃命左右悉取珊瑚树，有高三四尺者六七株，条干绝俗，光彩耀日，如恺比者甚众。恺怳然自失矣。

珊瑚产于海底，粗干细枝，屈伸如树，色彩红艳，光泽悦目，高大者尤不易得，人间

鐵如意擊珊瑚

图五十辛：吴待秋『铁如意击珊瑚』画笺

称为珍宝。此处以珊瑚喻红梅，足以高其身价，人们爱梅之心也由此而得到了表示。梅树断折，如珊瑚被击碎，也是作个比喻，虚晃一招，其实，梅树是不会折断的。画面上向左伸出的横枝，就是下方那主干向上生长然后转折过去的，不过是由于纸幅窄小，未能收得“全景”罢了。从“支离破碎”中看得到完整，近似于草书的笔断意连。此幅梅花的生长气势不是仍然贯连在一起的吗?

荣宝斋『壬申笺』

公元一九三二年，岁次壬申，是猴年。北平荣宝斋约请四位著名画家，请他们各自画了一张猴儿，合在一起，组成了这套“壬申笺”。用这套花笺记个年份、图个时髦，算得一份雅兴；画款写有“新春”、“元旦”的字样，迎着新年发售，图的也是个吉利儿。人们过年，走亲访友，带上两盒崭新的花笺作为礼品，那是十足拿得出手的。这样一来，这种岁时纪年的生肖花笺，已然在它固有的文化品质之外，又平添了一缕民俗的色彩。

此前可能有过“辛未笺”（羊年），此后有“癸酉笺”（鸡年），可惜笔者都没能访求到，当年搜集花笺，也是件不容易的事儿。

图五十一甲为一幅“子母猴”，出自汪慎生的手笔，带上一只小猴，含有“子孙绵延”的祝愿，用于新年贺岁，是适时相宜的。汪慎生长于花鸟，功力深厚，用笔老到，当时颇负盛名。这幅画中的山石、树木、泉流，画得确实不错，然而这些只是猴子活动的背景，而作为画中主体的猴子本身，却由于走兽非其所擅，故而画出来的并不见精彩，平平常常，只能说大体上看得过去罢了。小猴崽儿画得过于草率，而且不像，只不过点到而已，如果希望看到它与老猴的亲昵缠绵、母子情深，那就求之过高了。

壬申新春潘川汪溶寫

图五十一甲：汪慎生『子母猴』画笺

湛如馬晋

图五十一乙：马晋白猴画笺

壬申元旦
夢白寫

图五十一丙：王梦白松猴画笺

少鹿
陳

图五十一丁：陈少鹿白猴画笺

马晋倒是专画走兽的，尤其以画马擅名，他这一幅画的是白猴，只能用淡墨勾勒形体、描摹皮毛。(图五十一乙)怎么才能使这只白色的猴子显示得清楚呢?画家用了一些办法:一是在猴子身后涂了一片淡淡的青色;二是把它的脸面涂成了有深有浅的桃红色;再有就是把它的手爪、脚爪用较深的颜色画得明显一些:这样一来，白猴果然被凸显了出来——只可惜同时也显露了造作的痕迹，而被夸张处理的猴脸则更像是给猴子涂脂抹粉特意打扮了一番，虚假造作得过了头。马晋的画，总觉不够舒展，不够奔放，画家的功力绰绰有余，而才情则略感欠缺，故而画出来的东西拘拘束束，没有足够的气派。

第三位画家王梦白则显示出了才情纵逸的大家气派，他这幅画笺上的猴子在松树上跳动穿跃，姿态生动，活灵活现。王梦白擅写生，翎毛走兽都是直接落墨着色，毋须事先勾摹。客有请绘生肖者，乘兴命笔，顷刻立就，这自是平时积累丰厚，才能应对自如的。这幅画笺，半棵松树占满纸面，猴子的身形似乎不太突出，但是别忘了，王梦白画的猴子是动态的，活的，它可以上下左右无阻无拦地在大松树的枝干之间蹿跳攀援，整幅画面不都是属于它的自由活动的空间吗?(图五十一丙)

为这套“壬申笺”画猴的最后一位画家是陈少鹿，他的画在市面上不多见，但水平很高，花鸟博采众长，可以自成一家，二三十年代曾在辅仁大学等高校任中国画教授。

陈少鹿画的也是白猴(图五十一丁)，用鲜红的枫叶掩映起来，画面非常漂亮。印制这一幅时，荣宝斋特意精工细作，于饾版套色之外还运用了拱花的技艺，把白猴的皮毛印出了凹凸的纹路。花笺上如此精致细微的工艺，即便面对原件，也须得仔细观察才能见其妙处，印刷复制是很难显示出来的。画面上这只藏身于枫叶丛中的白猴，目光紧紧盯着左下方，请仔细看，原来那儿有一只小小的黄蜂。这也是有说头的，蜂猴就是“封侯”么，也属于传统的颂祝吉祥的话语。应该指出的是，画家这样安排还不仅仅是照应吉祥话，更主要的是，把白猴画活了，它有事在干，或捕捉或躲避，以下还有文章，这幅画不就更有意思了吗?

徐燕孙钟馗笺四幅、封筒二枚

笺幅长二十九厘米、宽十九厘米，封筒长二十三厘米、宽十厘米。一九四〇年，著名人物画家徐燕孙绘，荣宝斋套色木版水印（原装纸盒签条、封筒背面，都标有纸店字号）。

以钟馗为绘画题材的画笺和封筒，是为“端午节”提供的文房用品。端午，每年的旧历五月初五，是我国传统的民俗节日，历史悠久，活动内容丰富多彩：赛龙舟、包粽子，是为了祭奠战国时代的爱国主义诗人屈原，悬艾叶、饮雄黄，是为了驱杀“五毒”害虫；要挂出画像，请来钟馗这路神灵降妖斩鬼，为民除害。还有其他一些活动内容，南北各地大同小异。

钟馗，是实有其人的，他本是唐朝时的一位读书人，进京科考，因为貌丑而不被录取，气愤不平，撞柱而死。传说他死后升天，被玉帝封为“驱邪斩祟将军”，专司驱除、斩杀祸害人间的妖魔鬼怪。又传说他死后托梦给唐太宗，诉说自己的遭际与斩妖除怪的意志，太宗醒后，述其貌相，令画工吴道子图之——这当是第一幅钟馗画像了。

钟馗死后，天上为神，但他仍然活在人间，人们早已忘却了他相貌的丑，因为他的心灵是美的。千百年来，在绘画、戏曲两个艺术领域，钟馗一直是一个活跃的人物形象。历代画家，多有钟馗画像，虽然造型、服色各异，却都在力图表现主人公堂堂正正的威仪和疾恶如仇的神情。吾友王君振德，美术史论专家，曾广泛搜罗历代钟馗画像，汇为一册，早已出版发行，不妨找来一观。戏曲舞台上的钟馗更是活灵活现，神采飞扬。十多年前，河

北梆子曾经上演全本的钟馗，剧本很好，演出甚佳，至今留有印象。昆曲《嫁妹》，更是精彩。那是“架子花脸”的一出“硬功”戏，唱、念，尤其是做，很有难度，有蹉马、劈叉以及几种不同的亮相造型，有的还要加上“吐火”的特技，练功不到家，是不敢饰演这个角色的。尤其不能不提的是该剧人物的化妆造型。五个小鬼各有不同的形貌色彩，且不必说及。钟馗花面赤髯，驼背突臀，外形是颇为“丑陋”的，主要是通过身段，工架、手势等等“肢体语言”演出钟馗的“妩媚”来，也就是要从外表的丑里演出内心的美来，很不容易的。小妹与妹丈，由青衣花衫与“扇子小生”应工，扮出来是一对靓女美男，与舅兄的形象恰成鲜明的对比与强烈的反差，可谓映衬之下相得益彰。台下观众往往会获得如醉如痴的艺术享受，说句直截了当的话，那叫真过瘾！

闲话扯得远了，赶紧打住。正面言归正传，接着说徐燕孙的钟馗画笺。

四张笺纸，两个封筒（正好写两封信，设计者想得周到），徐燕孙画了六幅钟馗。六幅画像，内容不同，各有特点。大致说来，画出了钟馗的六个不同侧面，从多个角度展现了这位传说中的既是神灵又不离人间的“神人合一”的钟馗的性格。比起前代画师只是画出一张神像来，徐燕孙的钟馗可算是一个大大的进步。下面逐幅一一道来。

钟馗死后升天，被玉皇大帝封为“驱邪斩祟将军”。图五十二甲这幅侧身立像画的是钟馗官帽朝服，挺胸腆腹，足踏祥云，背手执笏，上朝见驾时的神情景象。主人公庄重威严，堂堂正正，长须飘拂，气度不凡。题识云：“云淡淡兮飕飕，何其髯者云钟馗。”语气却是很轻松的：这么大的一把胡子，谁呀？这是钟馗！款识字迹较小，写的是“庚辰霜降日霜红龛主徐操燕孙氏”。庚辰，公元一九四〇年，霜降，农历二十四节气之一，时当阳历十月下旬；霜红龛，画家的室名，龛，此处是小房子的意思；其主人，姓徐名操字燕孙。

举杯捋须，开怀畅饮，图五十二乙这幅画像通过饮酒表现了钟馗的豪爽性格。“但将酩酊酬佳节”的题诗，用的是晚唐杜牧“齐山登高”中的句子。小杜写的是九月初九重阳节，这里借来用于五月初五端阳节，毕竟都是佳节，但求不辞酩酊，有一点出入也是无伤大雅的。画面左侧很显眼地画上了瓶插菖蒲和小枝红花，似乎是在强调钟馗饮酒的季节时令，也似乎是在为借句题画而作的一点说明吧？

送子钟馗，这个题材很少见，故而画家特意作出了说明：“送子钟馗图，曩于内府获见一帙，识其梗概，用仿是图，出之好事，初不必以笔墨取一日之长也。”这是说，从前在皇宫内府（故宫博物院）见过一幅送子钟馗图，还能记得大概模样，摹仿着画了这一幅，

图五十二甲：徐燕孙钟馗巡行画笺

图五十二乙：徐燕孙钟馗畅饮画笺

图五十二丙：徐燕孙钟馗送子画笺

只是出于喜好,并不是要用笔墨博取一日之长的。这所谓“好事”,是谦虚和轻松的说法,实际上,它所显示的是画家在艺术创作上的努力追求。

图五十二丙这幅画像,一改斩鬼除魔时的勇猛怒张,表现的是钟馗温厚慈祥的一面。钟馗送子、钟馗嫁妹,都很有意义,这里面阐述的是我国传统的伦理观念,父慈子孝、兄友弟恭,既是高标更是底线,既弘扬人类的天性良知,又维系社会的和谐稳定。钟馗的慈祥温厚,不也正是他那高尚的道德品质的展现吗?画面上,钟馗背上驮着一个幼童,举目找寻,迈步前行,要把童子送到做善事得好报的人家。童子手持一枝桂花,标明他是“贵”子,喻示他将来金榜题名、蟾宫折桂,有着大富大贵的好命。童子娇嫩的脸蛋儿与钟馗的满面大胡子,一老一少,也成鲜明对照,画中人物,颇有看头。嫁妹、送子,都很富有人情味儿,钟馗这位天神仍然是活在人间的。

图五十二丁这幅最为精彩,由钟馗“啖鬼”的传说演化而来。钟馗捉鬼,往往烹而食之,以为美味,故而题识写道:“酒二坛,鬼五组,送与阿髯过端午,阿髯若嫌礼物薄,留下担夫一锅煮。”轻松幽默,很有趣味;称呼“阿髯”(犹今言“胡子哥”),很觉亲切。

按照题识所说的办,是把送酒的小鬼放回去呢,还是把他们留下来煮熟吃掉,此幅所画,正是钟馗犹豫未决的那一刹那之间的情景。钟馗目光勾留,馋涎欲滴,恨不得立马大快朵颐,同时,眼看着打躬作揖乞求饶命的小鬼,在这瞬息之间,他还没有作出最后的决定,这种细致而复杂的神情,在画家的笔下,竟然活灵活现地展示在读者的面前了。画出来的不仅是人物外在的形貌,更画出了人物的内心神情,说明画家已经达到了很高的艺术水平。看到钟馗这一刹那的神态表情,读者已经获得了足够的艺术享受,至于如何处置这几个小鬼,是放走还是留下,那几秒钟之后的结果,反而可以不去管它了。被画在左下角的几个小鬼,有的张口结舌惊呆了,有的低头转身准备溜走,虽然用笔不多,却也陪衬得恰到好处。

这幅钟馗画,展现的是主人公直率天真的一面,他虽是天神,也仍有口腹之欲,而且毫不掩饰地表露出来,给人一种真诚的亲切之感。

作为一套完整统一的画笺,附带制作的封筒也必须在题材内容与艺术风格上保持这种完整与统一。封筒上的两幅钟馗像,画的是主人公另外两个侧面,只不过幅面较小、内容略简而已。

图五十二戊,可题为“巡行图”,钟馗手执一柄如意(这是古人经常随手携带之物,

图五十二丁：钟馗啖鬼画笺

图五十三戊：钟馗巡行图封筒

图五十二己：钟馗行吟图封筒

与麈尾，折扇近同），一个小鬼随从其后，行走在大道上，举目遥望四方，察看人间疾苦。谁有不平事，我来做主张，应该是他当时内心之所想。作为驱邪斩祟将军的钟馗，恪尽职责，勤劳奉公，他那敬业的精神和务实的作风都在这幅画像中得到了显示。随从小鬼，手搭凉棚，也作举目遥望之状，给画幅的主题增添了分量，也显得画面更加生动有趣。

图五十二己，有题识云：“葛服行吟写钟馗，一洗狰狞气象。”“狰狞”二字很刺目。这是说传统的钟馗画像，二目圆睁，须髯奋张，多作威猛甚至狞厉的表情，以增加其震慑的力量，此处说狰狞，略过夸张。此幅一洗狰狞气象，赋予钟馗另外一种面貌。公务之余暇，钟馗仍然有书生本色的一面，穿上布衣便服，独自策杖行吟，显得从容而潇洒。左上方用朱砂画了一只飞翔的蝙蝠，以取“洪福齐天”的谐音喻意，这是传统的钟馗画上经常出现的附笔点缀，驱逐了祸害，同时也就把福祉带来人间了。

王雪涛花木草虫笺

宋代画院招考，绘画的题目是“踏花归来马蹄香”。一考生绘游春人缓辔归来，一只蝴蝶翩翩飞舞追随前后，巧妙地把无形的香味儿形象地显示出来，遂得录取。绘画是诉诸视觉的造型艺术，描绘的是可见的形象，但通过巧思、联想，往往也能够表现一些抽象的东西，譬如声音、温度等等。怎么画呢？读者如感兴趣，不妨动动脑筋。

著名花鸟画家王雪涛，经常用草虫显示气味、声音等无形的东西，给画幅增添内涵，引发读者玩赏，效果很好。草虫看似点缀，似乎无关紧要，但这点缀一旦成为不可或缺，它在画幅中的地位就不容忽视了。

王雪涛作画，用的是小写意笔法，不过分纤细，也不过分粗放，有很强的表现力。他的作品，灵动洒脱，充满生机与活力；构图均衡完整，位置得宜，偶显倚侧，亦能于险中求平；着色则鲜艳明快，清秀自然：用“活色生香”四字可以概括其风格特点。

这套画笺，幅长二十七厘米，宽十七点五厘米，符合常见的标准尺寸。清秘阁印制，年份约在上个世纪三十年代。为了使用时不挡笔，色调变得浅淡，但仍然保持着鲜艳明快的特点，制作之细致精美则仍然保持着清秘阁的经营传统。

图五十三甲画面上这只黄色的细脚蜂，太纤小了，简直就像一只大蚊子。它朝着花朵飞来，为什么？那是花的香味儿在吸

图五十三甲：王雪涛花木草虫笺

图五十三乙：王雪涛花木草虫笺

图五十三丙：王雪涛花木草虫笺

图五十三丁：王雪涛花木草虫笺

引着它——以草虫表现气味，这就是一个明显的例子。蜂儿虽小，却占据着画面的最重要的位置。从整幅构图来看，下方的枝叶、左边向上长出的两朵花蕾，两者合起来，围成了一片空间，好像是为那朵盛开的大花安排位置，其实不然，请仔细看，就连那朵大花也是为迎接小蜂而设的呢！蜂的颜色较重，又正好与浅淡的红花绿叶相映衬，谁为主，谁为宾，不就一目了然了吗？

王雪涛的画儿，构思非常细密，安排出来也都是合情合理的。图五十三乙画面上的一朵大白花怎么向下垂着头呢？一看那叶子就知道了，这是因为一股不小的风忽然吹来的结果。叶子上翘下弯左右摇摆，完全不在常态，都是在招架这一股强劲的风力。原来这一幅显示的那看不见形态的东西是风。一只蜜蜂朝着花朵飞过来，也是闻到了香味儿，而它的振翅飞动，仿佛还发出了一阵轻微的嗡嗡之声呢。

图五十三丙比较简单，树枝上趴着一只知了，肯定是用它来表示声音的，此画不妨题作“柳枝鸣蝉”。这么说，不算错，但失之笼统。不同季节的蝉鸣，人们听来，感受是有区别的。夏蝉，其声烦躁，惹人讨厌，可又制止不了它，于是进行了一番自我心理调节，尽量从主观上排除那种噪音，修为程度高的人，能够感受到“蝉噪林愈静”的一种境界，其中的道理也是不难解释的。秋蝉，其声凄切，给人一种悲凉的感觉。人们各自的境况不同，感受也会有所差异，而秋蝉的声音所能契合的感情内涵正好也可以是多种多样的，所以，诗词、绘画中涉及秋蝉的比较常见。“西陆蝉声唱，南冠客思侵”（唐·骆宾王），“寒蝉凄切，对长亭晚”（宋·柳永）都是信手拈来的例句。王雪涛这幅画笺，题作“秋柳寒蝉”就更为贴切了。

一只青绿的螳螂跳落在红叶枝头，图五十三丁这幅笺画色彩明丽，非常漂亮。树枝弯转过来，形状有点奇特。仔细观察就会感觉到，螳螂跳到梢尖的一刹那，力量较猛，竟然一下子压出来了一道弯儿——不过，树梢马上就会反弹回去，螳螂随即跳了开去，瞬息之间，这个画面就不会存在了。所以说，这幅画里有时间，有力量，有速度，这无形的东西，细心的读者定会感受得到。

丁佛言勾摹钟鼎文字笺

摹写钟鼎文字（拓片），为了尽量不失原貌，大都用两种办法，一是“颖拓”，一是“双勾”。在拓片上面罩上用桐油浸过的半透明的薄纸，用细笔浓墨，一个点儿一个点儿地点出拓片上的字迹来，是为颖拓；按照字迹的轮廓，细线条勾勒下来，笔画中间留下空白，是为双勾。应当指出，“拓”和“勾”都必须具有坚实的书法基础，执笔时能够揣摩古人制作铭文是如何安排笔画、结体、篇章布局的，如能心领神会，摹写出来的字迹才能有神采，才能传古意，否则，即便形貌近似，也是“死”的。

丁佛言是著名书法家，对文字学颇有研究，擅长双勾摹古。这四幅笺纸，勾摹得非常精到。用笔纤细，弯转自然，衔接之处不露痕迹。每个字都能独立成形，合在一起则参差错落，疏密有致，章法相当完美，称得上是他的代表之作。款识，用一笔不苟的小楷写出来，清清楚楚，无可挑剔；间有带隶书笔意者，尤其可爱。

清秘阁制笺向来精致，这套“金文笺”，尺幅狭长（长二十九厘米，宽十五点二厘米），别出心裁，虽与常见尺寸相差无几，却给人以新颖之

手执刀形

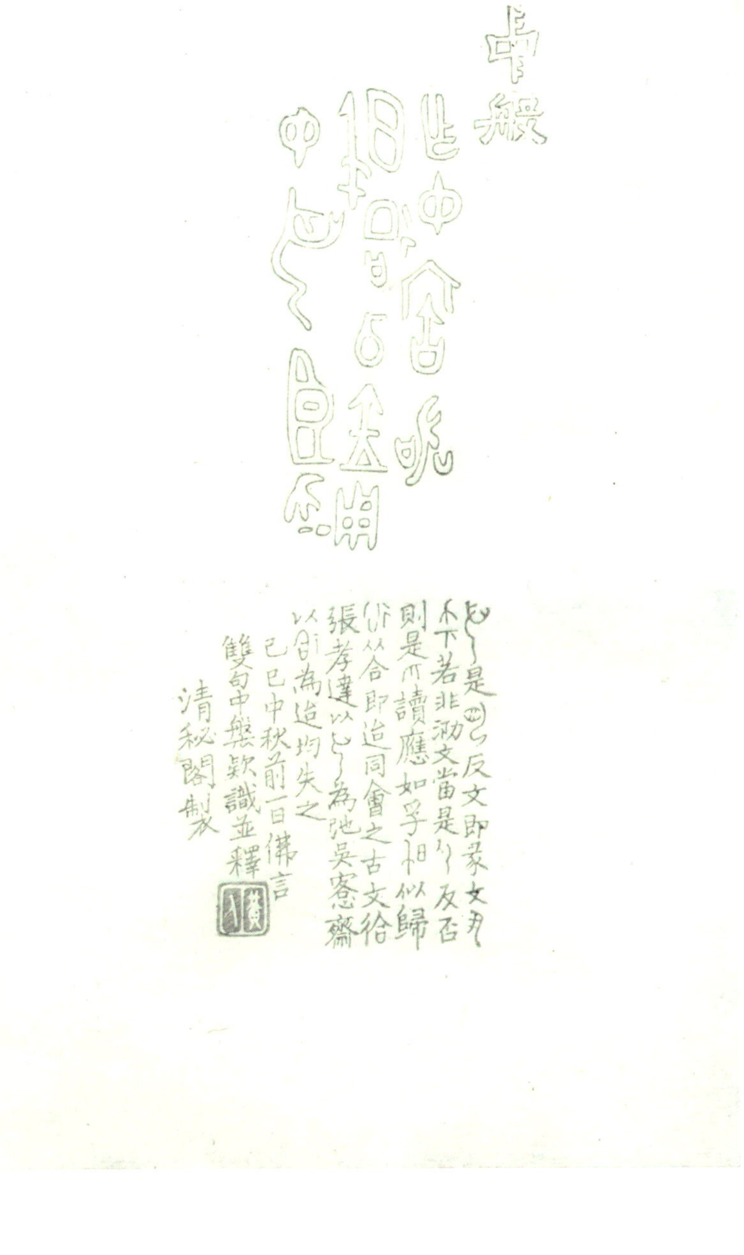
雙鉤中鼎款識並釋
己巳中秋前一日佛言
清秘閣製

图五十四甲：丁佛言勾摹钟鼎文字笺

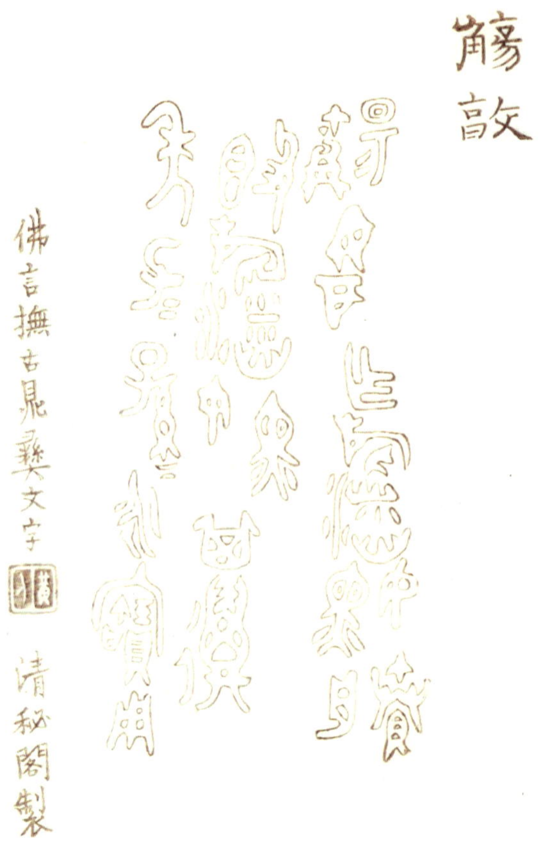
佛言撫古鼎彝文字
清秘閣製

图五十四乙：丁佛言勾摹钟鼎文字笺

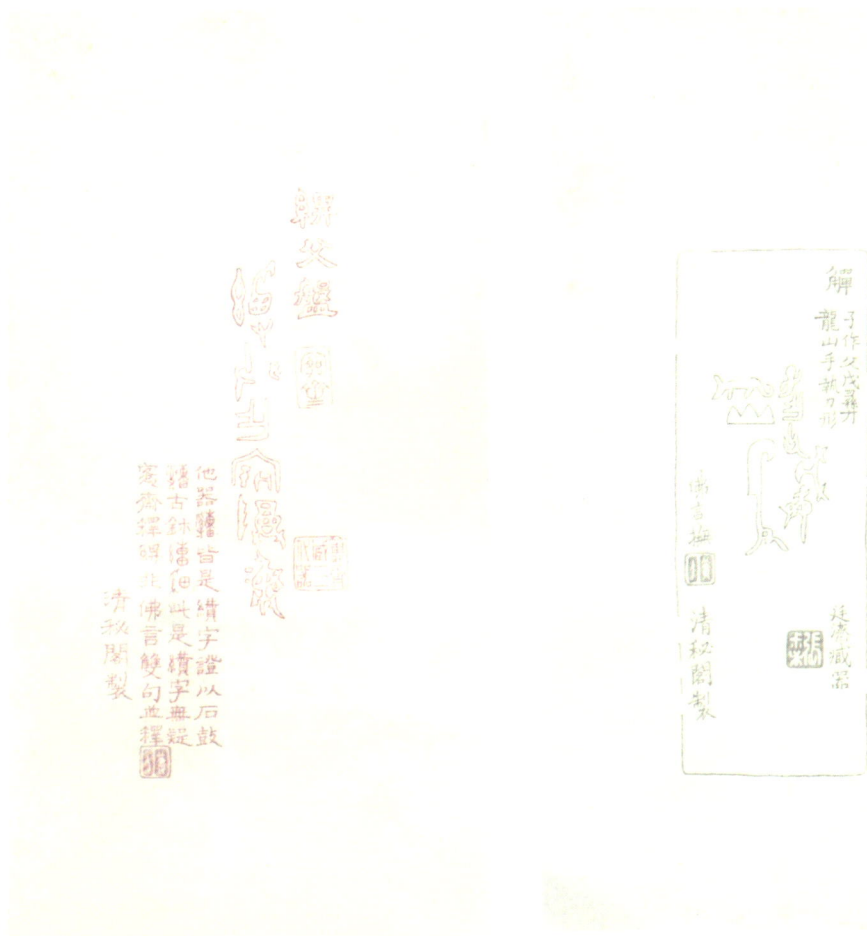

图五十四丙：丁佛言勾摹钟鼎文字笺

感。天头地脚、左右两边都宽松有余，衬得“画心”部位更显玲珑，给人一种高雅娟秀的感觉。

从花笺的角度讲，对于丁佛言所勾摹的钟鼎文字，应该看作是“博古图样”的一种，至于文字的考释、器物的研究，都可置之勿论，因为那属于另外一个范畴，是另外一门学问。

文人自制砚拓笺

砚谱有两种，一是画的，一是拓的。画的，以《西清砚谱》为最精，是就清宫所藏名砚精工绘制的，细笔勾勒，丝毫不差。拓的，就简便多了，像拓碑一样，把砚台的形状和雕饰拓下来就是了，常见新印的《高凤翰砚史》便是。砚谱入笺，当以上世纪三十年代北京故宫博物院摹刻《西清砚谱》中的薛绍彭兰亭砚，木版水印制成的一套四幅花笺最为精美。笔者曾藏有该笺，把玩之后印象极深。砚面砚底各占一幅（砚底有空白的贝叶形）；周边的“兰亭修禊图”摹为椭圆的环状，山水人物细致精巧，占一幅；第四幅，把砚底写在贝叶上的《兰亭序》全文，作为“特写”移摹下来，工笔小楷整整齐齐，密密麻麻，精彩极矣！精彩极矣！令我痛如剜心的是，该笺并其他成套精品花笺两巨册、百六十幅，被人假去，迄今二十多年追寻无着，杳如黄鹤，想必永无归期了！追悔莫及，只得以“无缘”自解，奈何！奈何！追思旧藏之余，再看看眼前这两幅砚拓笺，就觉得太过简略了。

清朝才子纪晓岚，是人们熟知的历史人物，他喜爱砚台，收藏颇富，自名其书房曰“九十九研斋”。大约一百四十年之后，其中的一方砚台，流落到了一位胡先生的手中，胡得名砚非常欣喜，乃名其室曰“九十九研之一研斋”，同时又借到了他的一位朋友所收藏的纪氏“九十九研斋”一方印章。如此巧合，值得纪念，于是就把砚拓和印拓组合在一起，印制两幅笺纸，并且写了识语记其缘由，请当时北京的著名书法家寿石工用其擅长的小楷书写下来，一并印在笺面上，于是，这两幅

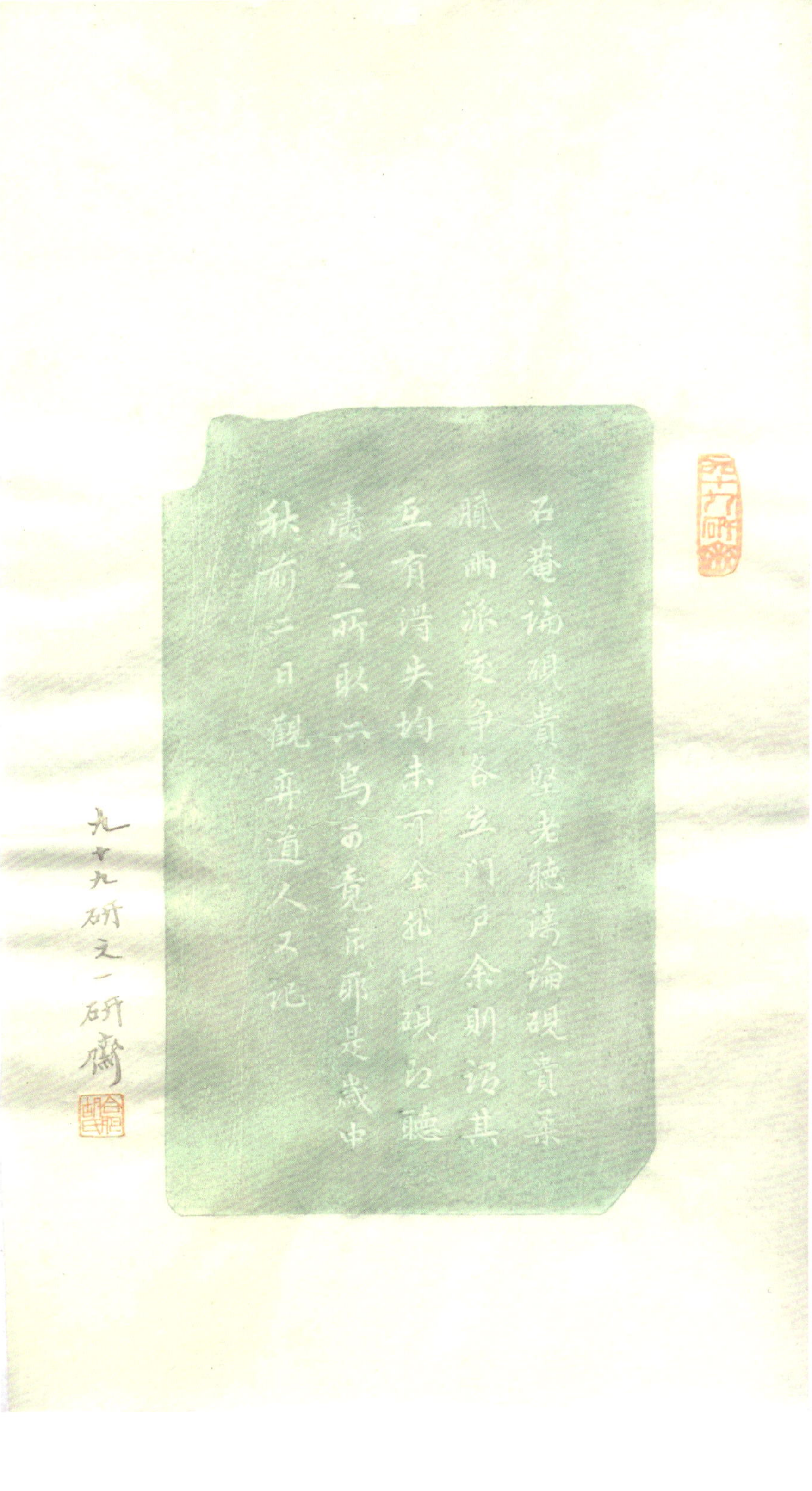
石庵論硯貴堅老聽濤論硯貴柔
膩兩派交爭各立門戶余則謂其
互有得失均未可全非此硯以聽
濤之所取亦為而竟斥耶是歲中
秋前二日觀弈道人又記
九十九研之一
研齋

图五十五甲：砚拓笺

九十九研之一研齋

图五十五乙：砚拓笺

一套的“砚拓笺”就制作出来了。

此笺高二十九厘米，宽十七厘米。两幅分别印着砚台的正面拓片和背面拓片，一为浅绛色，一为石绿色，鲜明而淡雅。正面以鼠灰色叠印寿石工书写的小楷识语，显得饱满而匀整。此笺是委托纸店代制的，哪一家并未标明，推测起来，很可能是荣宝斋。此笺从雕版到印刷都非常精致，没有技艺高超的工匠是做不出这么好的活儿的。再者，三四十年代正是寿石工在北京走红的时期，经常和荣宝斋“交买卖”，跟当时的经理王仁山也很熟悉，所以，很可能是顾主胡先生找到荣宝斋，王经理又介绍了寿石工，从而促成了题写印刷这套砚拓笺之事。自制笺是非卖品，不易搜求，笔者是十几年后偶然从一家旧货店里买到了一盒，自是幸事，失者为无缘，得者便是“有缘”了。

寿石工擅楷书，小字尤其出色。一点一画都用笔到位，起止循法；结字则视笔画的多寡，或大或小各赋其形而不拘高矮肥瘦；行款错落有致，章法匀实整齐。这些特点，从笺幅的题识中完全可以看得出来。

金石拓片本身有其特点，不是写出来的，不是画出来的，而是“拓”出来的。拓，不是平拖敷染，而是让墨色垂直接触纸面，故而也可以说是“打”出来的，“蘸”出来的。故而金石拓片是在黑色的干湿浓淡中显示它的特点的，尤其是拓片的某些部位往往会出现若有若无、介于虚实之间的所谓“毛”的情况，那就更加具有独特的韵味了。拓片的这些特点，木版水印是无法表现的。姚茫父、张海若等书画家，使用了“颖拓”的技法，就是用毛笔制作拓片，怎么做？用细小的笔尖去“点”，从浓淡疏密之中表现出介于虚实之间的“毛”的艺术效果。颖拓独有的韵味情趣曾于三十年代风靡一时，如今却鲜为人知了。

把话题拉回到砚拓笺上来。这两幅笺纸用淡彩印刷，只表现原砚的形状与铭刻文字，把“拓”的特点冲淡了，掩盖了，人们也就不在笺面上找寻“拓”的特点了。

再说纪晓岚。他名昀，号观弈道人，谥文达，曾任侍读学士、翰林编修，是乾嘉时期的著名学者。他的主要成就是总纂“四库全书”和撰写《阅微草堂笔记》。他收藏的砚台曾编为《阅微草堂砚谱》，笔者未曾见到该谱，无由据以考辨此笺的砚拓，只好俟诸后贤了。

兹将砚拓上的题识文字移录于下：

正面隶书：

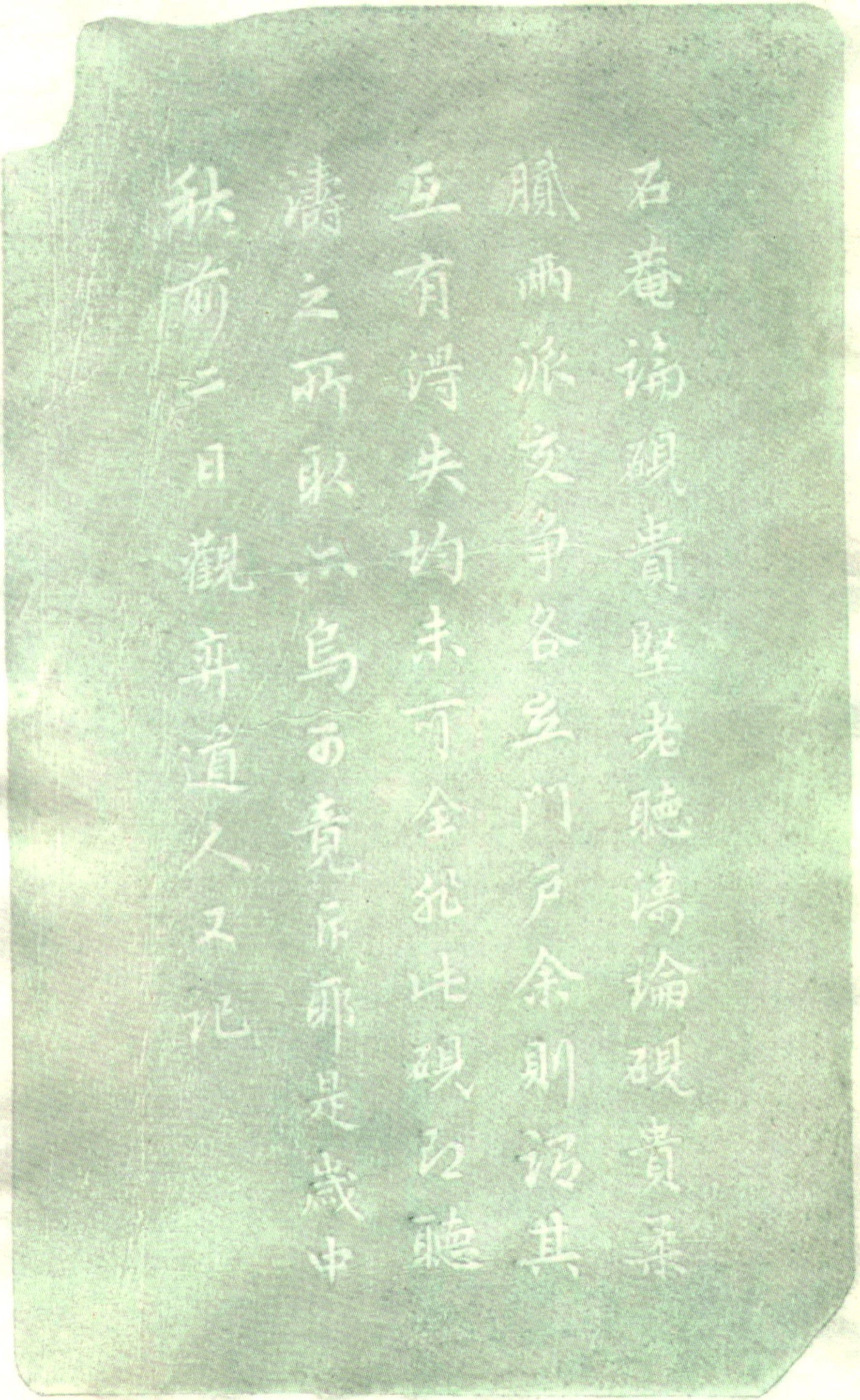
石庵論硯貴堅老聽濤論硯貴柔
膩兩派交爭各立門戶余則謂其
互有得失均未可全非此硯石聽
濤之所取亦烏可竟非耶是歲中
秋前二日觀弈道人又記

九十九研之一研石齋

端溪石品，新旧题殊，然旧坑未必定佳，新坑未必定不佳，但问其适用否耳。此砚犹新石之可用者，腰袅不易求，即款段亦可乘也。嘉庆癸亥六月望日，观弈道人题，时年八十。

腰袅，通“妖娆”，以娇艳美好的女子比喻良马；款段，亦叠韵词语，意为缓慢。意谓良马不易求，走得慢的马未尝不能乘骑，不得已而求其次，此砚虽非旧坑，也还是新石之可用者。嘉庆癸亥，是公元一八〇三年，纪晓岚生于一七二四年，是年刚好八十岁。

背面行书：

石庵论砚贵坚老，听涛论砚贵柔腻，两派交争，各立门户。余则谓其互有得失，均未可全非。此砚即听涛之所取，亦乌可竟斥耶。是岁中秋前二日，观弈道人又记。

石庵，是刘墉的号，官至宰相，是纪晓岚的好友。号听涛者，未知谁人。这几句“又记”调和折中，且说明此砚是新坑中的石质细腻者，可用，不必斥之为一无可取。

索性把寿石工的小楷也加上标点抄录于下：

己卯长至后三日，偶得纪文达公旧砚，喜不自胜，因署所居曰“九十九研之一研斋”，宗揖前修，用申景慕。适陈叔良先生藏有“九十九研斋”旧印，假而钤诸笺首，以志翰墨因缘。越岁庚辰上巳后三日，若愚跋，属山阴寿鉨书。

己卯，公元一九三九年。陈叔良，未知何人。寿鉨，寿石工的本名。主事人署名“若愚”，从“合肥胡氏”的印章中，获知了他的姓氏与籍里。

这篇解说文字就此停笔。信马由缰，芜杂凌乱，控驭之失，尚祈谅旃！

荣宝斋精制小幅便笺

小幅便笺，就是“便条儿”。一句话的知会、几个字的留言，无须郑重其事地写信，一张便条就足够了。便条儿在日常生活中经常使用，需求量大，很多纸铺都制作发售，也许是为了降低成本的缘故，往往流于简陋粗糙。自制自用的，也往往是单色的博古图样，大都算不上讲究。荣宝斋毕竟是与众不同的大铺子，经营上有胆识，有魄力，看准了市场情况，你粗我精，你卖大路货，我卖优质品，于是，请两位大画家，画了两张小便条儿，精心雕版，细工印刷，精美的小幅便笺制作出来之后，当时一定是颇获青睐的（幸好于非厂的画上留下了“丙子”的年款，这里所说的“当时”就可以确定为公元一九三六年和略为靠后了）。

溥心畬是名满天下的大画家，“旧王孙”得天独厚，得到了传统文化的充分滋养，作为画家，山水、花鸟、人物无不精妙，而楼阁山水尤其是他的专门擅长。溥氏作画，敬业认真，从无不经心的率尔之作，勾勒皴擦，用笔准确精到，点染设色则鲜丽而淡雅，不但没有市俗气，甚至没有烟火气。图五十六甲这幅便笺题作“远浦归帆”，画的就是他拿手的楼阁山水，虽然用笔略简，但神采气度却无可挑剔。水天一色，空阔万里，山石峥嵘，楼阁壮丽，一片归帆，载来故人，而楼头伫候的主人公，似乎亦可见于观者的想象之中了。

远浦归舟 写

图五十六甲：『远浦归帆』笺

擬滕昌祐筆
丙子閏三月 非丁

图五十六乙：拟滕昌佑笔笺

于非厂也是我国画坛的一代名家。他早年从事新闻工作，后来自然而然地转为了专业画家，可见他对绘画艺术的极其浓烈的兴趣。起初，他的画路较宽，而且已然打下了坚实的功底。三十年代中期以后，开始专力研习工笔花鸟，而且以宋徽宗赵佶为临摹对象，连带着对徽宗所创的“瘦金书”也下了很深的功夫。图五十六乙这幅便笺题作“拟滕昌祐笔”，滕是晚唐时代的著名画家，擅长花鸟蝉蝶，工致逼真，宛然有活意与生机。款署“丙子”，画于一九三六年，其时正是于氏研习工笔花鸟之际，摹拟滕昌祐，自在情理之中，既是拟古，就要表现出“古意”，此幅古意何在？简言之，就是线条的准确与劲健、设色的古朴与厚重，这两点，都可以从这幅小画里看得出来。工笔画，当然要求细致，看看画面上作为主体的那只小鸟，坚喙利爪，颇具活力，眼睛的两道圈儿和一个小黑点儿，更是被画家一丝不苟地描绘了出来，作为仿古的工笔花鸟画，这一小幅亦未尝不可称为典范。

无款花卉小幅便笺

四幅一套，分绘桃花（与芭蕉红绿相配）、虞美人、红梅、白牡丹。高二十三点五厘米，宽九厘米。木版套色水印。图画生动，色彩艳丽，刻印工致，极其精美。可惜没有款识印记，谁人绘画，哪家印制，全然无从考索。以之与上世纪二三十年代京津两地几家纸店发售的花笺相比较，似乎都不如它的雕版细致，色调典雅，制作格外精良。这套小画笺，肯定不是上市的商品，而是主家自制自用的考究之物。当是主家觅良工，付高酬，不惜工本精心制作而成。上世纪五十年代，笔者在天津南市一家旧物小店里，偶然买到了唯一的一盒，可谓缘分不浅。盒装四十枚，十套，完完整整，可知原来的藏主不曾舍得使用。后来陆续分赠同好，见者无不啧啧，能与知音分享共赏，真乃乐事！

然而，这套小画笺也有不能尽如人意之处，那就是绘制者对于花笺“配套”的观念不够明确。四幅合成一套，一定要有足够的共同之点，所画都属花卉，远远不够。最明显的是，桃花一幅配上了芭蕉，而其他三幅却都是折枝或单棵。若搭配就都搭配，给红梅配上翠竹组合成为“双清”，画枝黄菊配上红叶，以示秋色之斑斓，都是不错的选择么。再有，木本与草本也不宜混杂。看来，美中总会有不足，乃是事物之常情，带着一点遗憾，会有更高的追求。

图五十七甲：无款花卉小幅便笺

图五十七乙：无款花卉小幅便笺

后记

编印这本《花笺图说》，其宗旨，主要有二：一是传播知识，二是提供欣赏。本书的两个组成部分，“综述”与“分说”，就是据此而作出的安排。

既名“图说”，全书都离不开图。“综述”部分，以图片作史料印证，介绍有关花笺的名称、规格、类别、特征以及它的产生、发展、变化、消亡的历史过程，从而传播相关的知识。“分说”部分，是从笔者多年搜集到的，而且保存下来的一些花笺实物中择其稀见者、精美者，印在书上，一化千百，使广大读者有机会观赏这种独特的、有色有画的纸片儿，从而分享愉悦的艺术感受。“综述”，综合叙述，是纵向的叙述，是宏观的总体掌控，沿着年代顺序，从古至今，叙述了花笺一千三百年的历史概况，就中又把相关的知识穿插了进去。“分说”，分别解说，是横向的解说，是微观的个例研究，选取了二十个品目的花笺（有单幅的、有成套的、也有不易收全的），分别作了具体的解释说明和分析评判。这样，有纵切面，有横断面，相互交融贯通，庶几可使读者获得比较全面的、系统的认知。笔者的愿望如此，但因水平有限、藏品无多，可资参考借鉴的资料又很少，能否收到预期的功效，就不敢随便说了。

常言“抛砖引玉”，这本《花笺图说》就算是一块“引玉”之“砖”吧。

作者简介

王双启，退休教授，年逾八旬。二十世纪三十年代初期出生；五十年代中期大学毕业；先后任教于北京师范学院（今首都师范大学）、南开大学、神户大学（日本）、天津大学；九十年代初期届龄退休。多年从事中国古典文学以及中国书法、绘画的教学与研究工作。出版书籍数本，发表文章多篇。